LEBEN IM MITTELALTER

Hornfibel · Schreibfedern · Tintenhörner · Päpstlicher Ring

Engel (Holzschnitzerei aus einer mittelalterlichen Kirche)

Frauengesicht (mittelalterliche Steinmetzarbeit)

Weihrauchfaß

Hornflöte eines Hirten

Reliquienschrein (12. Jh.)

Dudelsack

LEBEN IM MITTELALTER

Alltag und Feste im Zeitalter des Feudalsystems

Text von Andrew Langley
Fotos von Geoff Brightling
und Geoff Dann

Symbol der Jungfrau Maria

Mittelalterliches Christuszeichen

Tisch und Bank
(Platten auf Böcken)

Gerstenberg Verlag

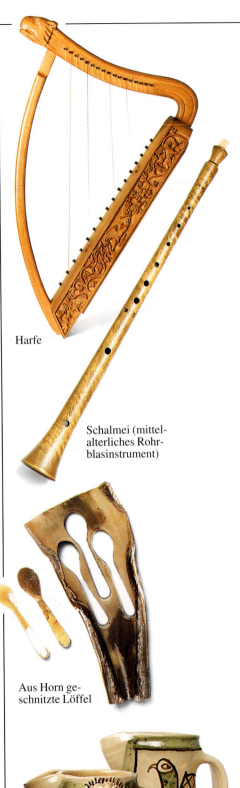

Harfe

Schalmei (mittelalterliches Rohrblasinstrument)

Aus Horn geschnitzte Löffel

Grimassenschneidender Mann (Steinskulptur)

Dreibeinstuhl mit Rückenlehne

Die Deutsche Bibliothek – CIP-Einheitsaufnahme

Leben im Mittelalter: Alltag und Feste im Zeitalter des Feudalsystems / Text von Andrew Langley. Fotos von Geoff Brightling und Geoff Dann. / [Aus dem Engl. übers. und bearb. von Margot Wilhelmi]. – Hildesheim : Gerstenberg, 1996
(Sehen, Staunen, Wissen)
Einheitssacht.: Medieval life <dt.>
ISBN 3-8067-4482-3
NE: Langley, Andrew; Brightling, Geoff; Wilhelmi, Margot [Bearb.]; EST

Ein Dorling-Kindersley-Buch
Originaltitel: Eyewitness Guides: Medieval Life
Copyright © 1996 Dorling Kindersley Ltd., London
Lektorat: Bridget Hopkinson, Gillian Denton
Fachliche Beratung: Peter Brears, Charles Kighty
Recherche: Céline Carez
Layout und Gestaltung: Vicky Wharton, Kati Poynor, Julia Harris
Herstellung: Charlotte Trail
Bildredaktion: Kathy Lockley

Aus dem Englischen übersetzt und bearbeitet
von Margot Wilhelmi, Sulingen
Deutsche Ausgabe Copyright © 1996
Gerstenberg Verlag, Hildesheim

Alle Rechte der Vervielfältigung und Verbreitung einschließlich Film, Funk und Fernsehen sowie der Fotokopie, Mikrokopie und der Verarbeitung mit Hilfe der EDV vorbehalten. Auch auszugsweise Veröffentlichungen außerhalb der engen Grenzen des Urheberrechts- und Verlagsgesetzes bedürfen der schriftlichen Zustimmung des Verlages.

Satz: Gerstenberg Druck GmbH, Hildesheim
Printed in Singapore
ISBN 3-8067-4482-3

Bemalte Steingutkrüge für Wein oder Bier

Hölzerne Eßschale

Trinkgefäß

Gedeck

Inhalt

Das Mittelalter
6
Die Gesellschaft
8
Bauernleben
10
Erdgebunden
12
Landgüter
14
Haus und Heim
16
Küche und Tafel
18
Frauen
22
Die großen Fürsten
24
Am Königshof
26
Krieger
28
Die Kirche
30
Bau einer Kathedrale
32
Geschichten in Bildern
34
Klöster und Orden
36
Klosterleben
38
Schreiber und Schriften
40
Heilige und Pilger
42

Himmelbett (Kastenbett)

Die islamische Welt
44
Handel
46
Leben in der Stadt
48
Die Zünfte
50
Steinmetzen und Maurer
52
Märkte und Feste
54
Musik
56
Schauspiele
58
Krankheit und Tod
60
Geburt eines neuen Zeitalters
62
Register
64

Das Mittelalter

Als Mittelalter bezeichnet man die Zeit zwischen Altertum und Neuzeit. Seine zeitliche Einteilung ist ebenso umstritten wie die Frage, wann es begann und wann es endete. Bei uns gliedert man es gewöhnlich in drei Abschnitte: Frühmittelalter (um 400–800/900), Hochmittelalter (9./10.Jh.–1250) und Spätmittelalter (1250–1517). Für manche war diese Epoche das „finstere Mittelalter", in dem Unwissen regierte und ein Menschenleben nicht viel galt, für andere die hohe Zeit christlich-ritterlicher Tugenden. Im Mittelalter aber haben auch die Städte, Staaten und Parlamente Europas, das Bankwesen, die Handwerksinnungen und die Universitäten ihren Ursprung, und noch heute prägen mittelalterliche Burgen und Kathedralen das Bild vieler Städte und Landschaften.

OASEN DER GELEHRSAMKEIT
Im Frühmittelalter bewahrten abgelegene Klöster Kunst und Gelehrsamkeit. Dieser ausgemalte Buchstabe entstammt dem *Evangeliar von Kells* (um 800) aus dem irischen Kloster St. Columba.

Wikingerfibeln

DAS BYZANTINISCHE REICH
Mit der Teilung des Römischen Reiches begann der Zerfall Westroms (Hauptstadt Rom). Das Oströmische (Byzantinische) Reich mit der Hauptstadt Konstantinopel erlebte eine Blüte, u.a. unter dem christlichen Kaiser Justinian I. (um 482–565).

SEERÄUBER
Gegen Ende des 8.Jh.s suchten die Wikinger die Küsten Europas heim.

KÖNIG EUROPAS
Karl der Große (742–814) vereinte weite Teile des heutigen Frankreichs und Deutschlands im Fränkischen Reich. Er war Christ, aber auch ein großer Krieger.

OTTO DER GROSSE
Im 10.Jh. drangen die Magyaren von Osten nach Westeuropa vor. 955 aber besiegte Sachsenkönig Otto I. (912–973) sie. 962 wurde er vom Papst zum Kaiser des Heiligen Römischen Reiches Deutscher Nation gekrönt, das weite Teile Westeuropas umfaßte.

UNRUHIGE ZEITEN
375 brachen die Hunnen in Europa ein, die Zeit der Völkerwanderung begann. Die Germanen drangen von Norden in das Römische Reich vor. 476 verlor der letzte weströmische Kaiser seinen Thron, die zentrale Verwaltung des Reiches brach zusammen, es herrschten Zerstörung und Chaos. Dies sind nur einige der Ereignisse, die als Beginn des Mittelalters angesehen werden. Während dieser unruhigen Zeiten im Westen aber entwickelte sich im Osten unter Kaiser Justinian I. Konstantinopel, die Hauptstadt des Byzantinischen Reiches, zu einer Weltstadt. Die Franken wurden unter den Merowingern und Karolingern zur prägenden Macht, und um 800 hatte Karl der Große weite Teile Westeuropas wieder zu einem großen Reich vereinigt.

Frühmittelalter (um 400–800/900)

DIE GROSSEN REGENTEN
Der christliche König Karl der Große unterstützte den Papst im Kampf gegen heidnische „Barbaren", die nach Italien vordrangen. Im Jahre 800 krönte ihn Papst Leo III. zum Römischen Kaiser. Europa aber blieb bedroht: Wikinger suchten die Küsten heim, und von Osten drangen die wilden Magyaren vor. Aber mit der Zeit entstanden wehrhafte Nationalstaaten. Aus dem Land der Franken wurde Frankreich, Alfred der Große (871–899) besiegte die Wikinger und wurde König von England, und der deutsche König Otto I. drängte die Magyaren zurück.

Hochmittelalter

NORMANNEN IN NORD UND SÜD
Während Wilhelm der Eroberer (um 1027–1087) England eroberte (1066), errichteten andere Normannenfürsten ein großes Reich in Italien.

DIE PEST
Der „Schwarze Tod" hatte verheerende Auswirkungen auf die europäische Gesellschaft. Es gab kaum noch genug Menschen, die das Land bebauen konnten. Die extremen Belastungen trieben die überlebenden Bauern in Frankreich und England zu Aufständen.

DIE KREUZZÜGE
1095 begannen die Kreuzzüge zur „Befreiung" des Heiligen Landes von den Moslems (S.28). 1099 nahmen Kreuzritter Jerusalem ein, spätere Kreuzzüge waren weniger erfolgreich.

Helm eines deutschen Kreuzritters

Bischofsstab

EINIGER
Kaiser Friedrich I. (1121–1190), auch Barbarossa („Rotbart") genannt, gelang die Einigung der deutschen Staaten und die Ausweitung des Heiligen Römischen Reiches. Mit dem Tod seines Nachfolgers Friedrich II. endet das Hochmittelalter.

DIE KIRCHE
Die katholische Kirche war eine der mächtigsten Institutionen des Mittelalters. Im 13.Jh. wurde die Inquisition ins Leben gerufen: Wer sich der Kirche widersetzte, konnte mit Exkommunikation (Ausschluß aus der Kirche) oder gar mit dem Tod bestraft werden.

RENAISSANCE-GENIE
Michelangelo (1475–1564) war einer der größten Bildhauer der Renaissance. Sein bekanntestes Werk ist die Marmorstatue des *David* (heute in Florenz).

AUFLÖSUNG DER KLÖSTER
Heinrich VIII. von England (1491–1547) brach mit der katholischen Kirche und rief sich selbst zum Oberhaupt der Kirche von England aus. Er löste die Klöster auf und beschlagnahmte ihre Besitztümer.

FRIEDEN UND STABILITÄT
Im Hochmittelalter brachten starke Feudalherrscher den neuen Staaten Europas Frieden und Ordnung. Der Handel florierte, die Städte wuchsen und mit ihnen die Bevölkerung. Die römisch-katholische Kirche (S.30) war auf dem Höhepunkt ihrer Macht. Prachtvolle Kathedralen wuchsen in den Himmel, und neue Orden entstanden (S.36). In Paris und Bologna wurden die ersten Universitäten Europas gegründet.

PEST UND KRIEG
Im Spätmittelalter gab es Mißernten und Hungersnöte. Ein Drittel der Bevölkerung Europas starb an der Pest (S.60). England und Frankreich begannen 1337 den Hundertjährigen Krieg. In der Kirche kam es zu Machtkämpfen (Exil von Avignon, 1377 drei Päpste). Doch vorangetrieben von der Hanse (S.47), entwickelte sich ein reger internationaler Handel.

NEUANFANG
In der Renaissance (S.62) entstanden neue künstlerische Stilrichtungen, die Wissenschaft gelangte zu neuen Erkenntnissen, und die Reformation (S.62) führte zur Spaltung der Kirche. Das 15.Jh. war auch die Zeit großer Entdeckungen. Die Erkundung neuer Seewege über den Atlantik und den Indischen Ozean eröffnete neue Wege für Handel und Entwicklung (S.63).

(9./10.Jh.–1250) | Spätmittelalter (1250–1517)

Die Gesellschaft

Im fränkischen Reich entwickelte sich eine Gesellschaftsstruktur, die sich bald in ganz Europa ausbreitete. Dieses „Feudalsystem" wies regionale Unterschiede auf, doch das Prinzip war überall gleich: Der König als oberster Lehnsherr gab Bischöfen und Äbten, Herzögen und Grafen (in England Baronen) Land „zu Lehen", d.h. als Leihgabe. Dafür mußte der Lehnsmann (Vasall) dem König in Kriegszeiten Soldaten stellen. Der Adlige leistete seinem König einen Lehnseid, der ihn zur Treue verpflichtete. Die Vasallen des Königs wiederum verteilten ihr Land auf Landadlige (diese wurden damit zu Vasallen der Hochadligen) und diese wieder auf Lehnsleute (z.B. Freibauern). Auf der untersten Stufe der feudalen Pyramide standen die Leibeigenen und Hörigen – Bauern, die das Land bearbeiteten, das ihnen nicht gehörte. Sie hatten kaum Rechte und keinen nennenswerten Besitz, obwohl von ihrer Arbeit der ganze Adel lebte.

OBERSTER RICHTER
Philipp VI. von Frankreich (14.Jh.) beim Rechtsprechen. Rechts sitzen seine wichtigsten weltlichen Vasallen, links die Bischöfe.

VON GOTTES GNADEN
Die mittelalterlichen Könige galten als weltliche Stellvertreter Gottes. Sie wurden in einer großen kirchlichen Zeremonie gekrönt, bei der Erzbischöfe den neuen König zum Zeichen seines Amtes und Ranges mit Chrisam (heiliges Öl) salbten.

STEUER STATT SCHWERT
Gegen Ende des 11.Jh.s wollten viele Vasallen nicht mehr für ihren König kämpfen. Statt dessen zahlten sie eine bestimmte Geldsumme, den sog. Schildpfennig, mit dem der König Söldner anwerben konnte. Steuereintreiber (oben) sorgten dafür, daß der festgesetzte Betrag dieser ersten Bargeldsteuer voll entrichtet wurde.

DIE BARONE
In Deutschland waren die Herzöge und Grafen die mächtigsten Adligen, in England die Barone (S.24). Als der Normanne Wilhelm 1066 England eroberte, waren ihm etwa 120 Barone verpflichtet, von denen jeder bei Bedarf etwa 5000 Mann stellen konnte.

DIE BAUERN
Es gab einige freie Bauern. Die meisten aber waren Leibeigene des Grundherrn (d.h. persönlich von ihm abhängig) oder Hörige (d.h. „Zubehör" des Gutes). Sie bebauten das Land für den Gutsherrn, der ihnen dafür ein kleines Stück zur persönlichen Nutzung überließ.

DIE GUTSHERREN
Die Herren der Rittergüter (S.14) verpachteten ihr Land zur Bearbeitung an ihre Bauern. Mit dem Recht auf Land war die Pflicht zum Kriegsdienst verbunden. Die Ritter legten ihrem Lehnsherrn gegenüber einen Treueid ab und konnten jederzeit zu den Waffen gerufen werden, wobei sie Waffen, Pferde und Fußsoldaten selbst stellen mußten.

Die Mitra (S.31) weist diesen Mann als Bischof aus.

Eine Katze auf dem Kopf des Königs: der Bildhauer macht sich über den hohen Herrn lustig.

DIE BISCHÖFE
Die Bischöfe waren ebenso mächtig wie die Barone und Herzöge. Ihre Herrschaftsgebiete waren die Diözesen (S.31) mit all ihren Pfarreien und Klöstern. Der Zehnt (S.13), den alle an die Kirche zahlen mußten, und andere Einnahmen aus ihren Diözesen machten einige Bischöfe sehr reich.

DER KÖNIG
Kaum ein König konnte sich ein stehendes Heer halten. Daher waren die Könige von ihren Baronen oder Herzögen abhängig, die ihnen Ritter und Soldaten stellten. Es war oft schwer für die Könige, ihre Fürsten unter Kontrolle zu halten. Vor allem in Frankreich und Deutschland regierten mächtige Landesfürsten ihre Lehen als eigenständige Staaten.

HARTE STRAFEN
Die einfachen Leute hatten im Mittelalter wenig Rechte. Wer gegen ein Gesetz verstieß, wurde vor seinen Herrn gebracht, der Gewalt über Leben und Tod seiner Untertanen hatte. Die Strafen waren grausam. Der oder die Verurteilte wurde hinter einem Pferd hergeschleift, ausgepeitscht, an den Pranger gestellt oder gehängt – je nach Schwere des Vergehens. Die Gutsherren und Fürsten mußten ihrem König oft viel Geld bezahlen, damit sie eine faire Gerichtsverhandlung bekamen. Die Kirche hatte ihre eigenen Gesetze und Gerichte (S.31). In ihre Rechtsprechung durfte sich auch der König nicht einmischen.

Bauernleben

Die mittelalterlichen Bauern waren überwiegend unfreie Knechte (Leibeigene) oder schollengebundene Pachtbauern (Halbfreie, Hörige). Letztere konnten mit dem Gut, zu dem sie gehörten, verschenkt, vererbt, getauscht oder verkauft werden. Leibeigene wie Hörige waren also mittelbarer oder unmittelbarer Besitz des Gutsherrn (S.14). Sie bestellten für ihn das Land, und er überließ ihnen dafür ein kleines Stück zur persönlichen Nutzung. Das Leben der Bauern war hart. Sie mußten schwer arbeiten, um genug für sich und ihre Familien zu erwirtschaften und ihre Pflichten gegenüber ihrem Herrn (und der Kirche) erfüllen zu können. Ohne Erlaubnis des Herrn durften sie das Gut nicht verlassen. Die Freiheit konnte nur erlangen, wer genug Geld hatte, um sich freizukaufen, oder wer eine freie Person heiratete.

Französischer Bauer (um 1500)

Aus Horn lassen sich einfache Löffel schneiden.

Hornflöte eines Schafhirten

PLACKEREI
Die Bauern schufteten außer an Sonn- und Feiertagen Tag für Tag in sengender Sonne, in Regen oder Schnee, und die Nahrung war karg. Es ist daher nicht verwunderlich, daß um 1300 ein Bauer kaum älter wurde als 25 Jahre.

EIGENE HERSTELLUNG
Die Bauern fertigten viele Gebrauchsgegenstände selbst, wenngleich sie Töpfer-, Leder- und Eisenwaren kaufen mußten. Neben Holz und Leder verarbeiteten sie vor allem Hörner von Rindern oder Schafen. Horn ist leicht, aber robust, geschmacksneutral und leicht zu bearbeiten (S.16). Hornlöffel brauchte man nicht einmal zu spülen – sie wurden lediglich saubergeleckt.

Erschöpft wischt sich dieser Bauer den Schweiß von der Stirn.

Wat Tyler stirbt durch einen Schwertstoß.

BAUERNAUFSTAND
Nach der Pestepidemie Mitte des 14.Jh.s (S.60–61) herrschte Mangel an Arbeitskräften. Die Bauern mußten mehr denn je arbeiten. Als die englischen Bauern außerdem eine Sondersteuer zahlen sollten, kam es 1381 zum Aufstand. Unter Führung von Wat Tyler marschierten sie nach London und töteten den Erzbischof. König Richard II. (1367–1400) machte Zugeständnisse, doch Tyler wurde vom Londoner Bürgermeister erstochen. Die Menge zerstreute sich schnell. In Frankreich endete der Bauernaufstand von 1358 (Jacquerie) blutiger: Ritter metzelten Tausende von Aufständischen nieder.

Strohhut als Sonnenschutz an heißen Tagen

Billiger Zinnanhänger als Glücksbringer

Filzhut mit Hahnenfeder und Bourbonenliliennadel

Leinengefütterte Jacke aus braunem Wollstoff

Blaues Wollwams mit Ledersenkeln

Leinenhemd

Unterhosen aus Leinen

In solchen Lederbehältern nahm man Bier mit aufs Feld.

Die Beinkleider wurden mit Hakenschnürbändern am Wams befestigt.

Arbeitende Bauern mit herabgerollten Beinlingen

Die wollenen Beinlinge ließen sich bei der Arbeit herunterrollen.

Arbeitsstiefel aus Leder

BAUERNKATE
Die meisten Bauern lebten in einfachen Hütten. Die Wände dieser Kate (Rekonstruktion eines Bauernhauses aus dem 13.Jh.) sind aus Feuerstein aus der Umgebung. Meist aber bestanden sie aus einem Weiden- oder Haselrutengeflecht, das mit einer Mischung aus Lehm, Mist und Stroh „beworfen" wurde. Für den Fußboden stampfte man die blanke Erde fest. Die meisten Bauernkaten hatten nur einen oder zwei Räume. Das Mobiliar bestand aus einem Tisch und Bänken, für die man Bohlen auf Böcke legte, einer Kleidertruhe und Strohsäcken, auf denen man schlief. In der Mitte des Hauptraumes befand sich ein steinerner Herd ohne Schornstein, so daß die Häuser verrußt und verqualmt waren.

EINFACHE KLEIDUNG
Kleidung wie die hier abgebildete trugen die Bauern Mitte des 15.Jh.s. Sie wurde aus Materialien, die vor Ort verfügbar waren, von der Familie selbst gefertigt. Die Bauersfrauen spannen grobe Wolle und webten daraus Stoffe, aus denen sie die Kleidung nähten. Im Winter trug man Schaffellmäntel, die Kälte und Regen abhielten. Wenn es schlammig war, schnallte man hölzerne Unterschuhe, sog. Trippen (S.23), unter die Lederstiefel. Die Oberbekleidung wurde nie gewaschen, wohl aber die leinene Unterwäsche. Als „Deodorant" wirkte der Rauch in den Katen, dessen Geruch die Kleider schnell annahmen.

Hölzerne Heugabel

Erdgebunden

Im mittelalterlichen Europa lebten und arbeiteten über neun Zehntel der Bevölkerung auf dem Lande. Die Bestellung der Felder erforderte viel Arbeit, die Erträge aber waren gering. Die maßgebende Bewirtschaftungsform war die Dreifelderwirtschaft. Die Bauern erhielten eine Parzelle in jedem Feld, so daß fruchtbares und unfruchtbares Land einigermaßen gerecht aufgeteilt wurde. Jede Familie bearbeitete ihre Parzelle, aber beim Heumachen und bei anderen Arbeiten, bei denen man viele Hände brauchte, tat man sich zusammen. Mißernten konnten für das ganze Dorf Hungersnot bedeuten.

ERNTEZEIT
Im Spätsommer arbeiteten Männer, Frauen und Kinder auf den Feldern, um die Ernte einzubringen. Das Getreide wurde mit Sicheln geschnitten und zu Garben gebunden, die man zu Hocken aufstellte, und zwar ganz vorsichtig, damit die wertvollen Körner nicht herausfielen. Das trockene Getreide wurde dann auf Wagen geladen und in die Scheune gefahren. War die gesamte Ernte eingebracht, drosch man die Körner mit Dreschflegeln aus.

BESTELLEN DER FELDER
Bei der Dreifelderwirtschaft bestellte man jedes Jahr nur zwei Felder; das dritte ließ man brachliegen, damit der ausgelaugte Boden sich erholen konnte. Auf einem Feld säte man Wintergetreide, auf dem zweiten im Frühjahr Sommergetreide. Das Saatgut wurde mit der Hand ausgeworfen.

Der Mann schlägt für seine Schweine Eicheln von einem Baum.

Die Samen fielen in die Ackerfurchen, doch viele wurden von Vögeln gefressen.

Der Bauer wirft die Samen in weitem Bogen aus.

Korb für das Saatgut

Scherbäume zum Ziehen des Karrens

EICHELMAST
Im Herbst gestattete der Gutsherr seinen Bauern, ihre Schweine in seine privaten Wälder zu treiben, damit sie dort Eicheln und Bucheckern fressen konnten. Schafe, Ziegen und Gänse ließ man auf dem Gemeindebrachland am Dorfrand grasen.

Hungriges Schwein

Hier arbeiten Bauern bei der Ernte zusammen.

SCHAFSCHUR
In den Bergregionen war die Schafschur die wichtigste Frühjahrsarbeit. Wolle erzielte gute Preise, und der Wollhandel war ein ertragreiches Geschäft.

ZEHNTSCHEUER
In dieser gewaltigen Scheune (13.Jh.) lagerten Abgaben an die Kirche. Die Dörfler mußten dem Pfarrer den Zehnten von allen Produkten entrichten – von Getreide über Brennholz bis zu Eiern und Mehl.

ALLES MIT DER HAND
Landmaschinen gab es im Mittelalter noch nicht, also mußten die Bauern alle Arbeiten von Hand und mit solchen einfachen Werkzeugen erledigen. Das war Knochenarbeit.

Hippe zum Heckenschneiden

Sichel für die Getreideernte

Ausgedroschenes Weizenstroh

Festgebundene Klappe (damit das Stroh nicht herausfällt)

Mit sechs Eisenbändern beschlagene hölzerne Felge

KARRE
In solchen Handwagen transportierten die Bauern Getreide, Stroh und Heu. Das ausgedroschene Stroh fand für vieles Verwendung – von der Dacheindeckung bis zur Matratzenfüllung. Heu war neben Weizenstroh und Trockenbohnen die einzige Winternahrung des Viehs. Oft aber reichten diese Vorräte nicht sehr weit, so daß im Herbst die meisten Rinder, Ziegen und Schweine geschlachtet wurden. Jeder Bauer hatte seinen Anteil an der Gemeindewiese, und die Heuernte brachten alle gemeinsam ein.

Große Räder: vorteilhaft auf schlechten Wegen

Landgüter

Zu einem Gut gehörten ein Dorf, ein Gutshaus oder eine Burg sowie eine Kirche und natürlich landwirtschaftliche Nutzflächen. Der adlige Gutsherr war Herrscher und Richter auf dem Gut. Seine Beamten stellten sicher, daß die Bauern ihren Pflichten nachkamen. Die Bauern mußten Frondienste leisten – Spanndienste wie die Bestellung des Landes ihres Herrn (Domäne) und Handdienste (persönliche Verrichtungen auf dem Fronhof). Weiterhin hatten sie ihren Pachtzins in Naturalien zu entrichten. Die Bauern mußten meist ihren gesamten Bedarf aus eigener Produktion decken. Nur wenige Waren, darunter Salz zum Pökeln und Eisen für Werkzeuge, kamen von außerhalb. Gelegentlich brachten fliegende Händler, Pilger oder Soldaten Neuigkeiten mit. Von den Bauern kam kaum einer jemals weit über sein Dorf hinaus.

WEHRPFLICHT
Der Gutsherr stellte als Ritter (S.8) dem König seine Wehrkraft zur Verfügung. Diese Ritter (oben) erhalten ihre Schwerter (Schwertleite).

Der Hofmeister bespricht mit seinem Herrn Belange des Guts.

DER HOFMEISTER
Die Führung des Guts überließ der Gutsherr einer Reihe von Beamten, an erster Stelle dem Hofmeister. Dieser ordnete an, wer was zu tun hatte, führte die Bücher und verwaltete das Geld. Außerdem saß er zu Gericht, wenn der Herr auf Reisen war. Hofmeister waren angesehen und gut bezahlt.

Mittelalterlicher Gießtopf

HERR UND HERRIN
Der Gutsherr und die Gutsherrin waren für ihr Gut verantwortlich, die Arbeit verrichteten allerdings die Untergebenen. Auf diesem französischen Bildteppich halten zwei Engel einen Baldachin (Symbol herrscherlicher Würde) über das adlige Paar.

DER FRONHOF
Der Gutsherr und seine Familie lebten in einem großen Haus, das meist aus Stein gebaut war. Es war von Gärten und Stallungen umgeben und durch eine Mauer, manchmal auch einen Wassergraben, geschützt. Außer der Kirche war das Gutshaus (Fronhof) Zentrum des gesellschaftlichen Lebens – seine große Halle diente als Gerichtssaal und z.B. nach der Ernte und zur Weihnachtszeit auch als Festsaal.

AUF ZUM FRÖHLICHEN JAGEN!
Die Jagd galt als angemessener Zeitvertreib für den Adel. Man hielt sich Falken für die Kaninchen- und Taubenjagd und Hunde für die Jagd auf Rehe, Hirsche und Wildschweine.

Den Lieblingsfalken nahm man überall mit hin, sogar in die Kirche.

DER GANG ZUR MÜHLE
In den meisten Gemeinden gab es nur eine Wassermühle, und die gehörte dem Gutsherrn. So mußten die Bauern ihr Getreide zum Mahlen zur Mühle ihres Herrn bringen. Dieser behielt als Gegenleistung einen Teil des Getreides ein. Mancherorts mußten die Bauern sogar ihr Brot im Ofen des Gutsherrn backen oder den Wein in seiner Presse keltern – und entsprechend dafür bezahlen.

DER VERWALTER
Dem Hofmeister unterstand der Gutsverwalter, der dem Bauernstand angehörte, wie die Tracht (rechts) zeigt. Stoff und Verarbeitung der Kleidung waren allerdings besser als bei den einfachen Bauern. Der Verwalter war kein Leibeigener, sondern ein freier Mann, der sein eigenes Land besaß. Er verteilte die Arbeiten an die Leibeigenen und Hörigen, war für den Zustand der Gebäude und Werkzeuge verantwortlich, stellte Handwerker ein und kümmerte sich um das Vieh des Gutsherrn.

DER SCHULZE
Dem Gutsverwalter unterstand der Schulze, den die Bauern aus ihren Reihen wählten. Als Zeichen seines Amtes trug er einen weißen Stab. Er beaufsichtigte die Arbeiten und achtete darauf, daß jeder pünktlich begann und daß nichts gestohlen wurde.

Die Spitze beschattet die Augen und läßt Regenwasser ablaufen. – *Filzhut*

Braunes Wams

Leinengefütterte Wolljacke mit Zinnknöpfen

Die Jacke ist länger als die eines einfachen Bauern.

Die Stege hielten die Hose modisch eng am Bein.

Lederstiefel

15

Haus und Heim

HEIZUNG
Die Feuerstellen befanden sich in der Mitte des Raums, weitab von den hölzernen Wänden. Ab dem 15. Jh. setzten sich steinerne Schornsteine durch, und man baute Kamine in die Wände ein.

Im Mittelalter wohnten die Menschen völlig anders als wir heute. Die Bauern verbrachten die meiste Zeit auf den Feldern und benutzten ihre kargen Katen mit unverglasten kleinen Fenstern fast nur zum Kochen, Essen und Schlafen. Der Rauch des Herdfeuers zog nach oben, so daß die Menschen auf ihren niedrigen Bänken unterhalb der Qualmwolke saßen. Zur Beleuchtung benutzte man Fackeln aus geschälten und in Fett getauchten Binsen. Saubergehalten wurde das Haus, indem man den blanken Erdfußboden fegte. Das häusliche Leben war viel öffentlicher als heute. Die ganze Familie aß, schlief und verbrachte ihre Freizeit gemeinsam in einem Ein- oder Zweiraumhaus (S.11). Die Häuser der Reichen waren großzügiger. Ab dem 13. Jahrhundert besaßen einige Adlige private Familienwohnzimmer, und viele ließen ihre Fußböden mit Schmuckfliesen kacheln und behängten die Wände mit Bildteppichen.

Nachts wurden die Fensterläden geschlossen.

AUSBLICK UND EINBLICK
Die Fenster verrieten den gesellschaftlichen Status einer Familie. In den Häusern der Armen waren sie einfache Öffnungen, die mit hölzernen Klappläden verschlossen werden konnten. Die Wohlhabenderen leisteten sich Gitterrahmen, die mit in Harz und Talg getränktem Leinen bespannt waren. Durch diese „Scheiben" fiel Licht ein, während Wind und Kälte abgehalten wurden. An schönen Tagen nahm man die Fenstergitter heraus.

Entrolltes Horn

Gespaltenes und poliertes Innenstück des Horns

Schafhorn

FÜLLHORN
Horn war ein preiswertes und vielseitig verwendbares Material. Zur Herstellung einer Fensterscheibe wurde das Horn drei Monate in Wasser eingeweicht, dann entrollt, gespalten und so lange poliert, bis es lichtdurchlässig war.

Urinal (Urin wurde aufgefangen und als Beizmittel beim Stofffärben benutzt)

Wand aus Flechtwerk mit Lehmschlag (S.11)

Manche Burgtoiletten gingen direkt auf den Wassergraben.

ABORT
Im späten 15. Jh. gab es in vielen Häusern eine kleine Abortkammer. Der Lochsitz befand sich über dem Misthaufen oder der Jauchegrube. Häufig gab es zusätzlich ein Klohäuschen im Hof.

Holzrahmen mit Hornscheiben

GLASERSATZ
Glas war im Mittelalter selten und teuer. Nur Kirchen und Paläste konnten sich diesen Luxus leisten. Adlige und Kaufleute gaben sich oft mit Fensterscheiben aus poliertem Horn zufrieden. Sie waren billiger und haltbarer als Glasscheiben und ließen genug Licht einfallen. Allerdings konnte man nicht so gut durch sie hindurchblicken.

SCHLAF, KINDCHEN…
Diese Wiege eines adligen Kindes war möglicherweise das bequemste Bett im ganzen Haus. Doch die Kindheit war eine gefährliche Zeit: mehr als ein Drittel der Menschen starb im Kindesalter an Krankheiten.

Die Mutter konnte die Wiege mit dem Fuß anstoßen, während sie nähte oder spann.

SITZGELEGENHEIT
Die meisten Leute saßen auf einfachen Schemeln oder Bänken. Lediglich ein adliger Herr konnte sich einen Stuhl mit Rückenlehne und Armstützen leisten.

Der Himmel war an der Decke befestigt.

BETTRUHE
Ein Dienerbuch aus dem 15. Jh. gibt Anweisungen, wie der Herr zu Bett zu bringen war: Hatte der Diener den Herrn entkleidet, sein Haar gekämmt und ihm die Schlafmütze aufgesetzt, mußte er die Bettvorhänge zuziehen und Katze und Hund mit Hieben hinausjagen. Dann sollte er sich tief verbeugen und still zurückziehen.

VORHÄNGE
Vorhänge aus bemaltem Leinen, gewebte Bildteppiche oder feine Wollbehänge an Wänden und Türöffnungen sorgten bei „betuchten" Leuten für mehr Wärme und Freundlichkeit im Raum. Die Abbildung zeigt einen Türvorhang sowie einen Wandbehang aus bemaltem Leinen aus dem Haus eines reichen Kaufmanns.

Weiße Rose: Symbol der Jungfrau Maria. Religiöse Motive waren weit verbreitet.

Himmel oder Baldachin

Warme Wollvorhänge hielten Zugluft ab.

Das Leinenkissen ist mit gehäckseltem Stroh gefüllt.

Leintuch

Das Zusatzbett konnte z.B. für Kinder oder Diener herausgerollt werden.

Flechtstrohmatratze

Wolldecke

Lavendel Rainfarn Labkraut

GEGEN FLOHBISSE
Auf das Bettstroh streute man Kräuter wie Lavendel, Rainfarn und Labkraut. Sie rochen nicht nur gut, sondern hielten auch Ungeziefer ab.

EIN RAUM IM RAUM
Bessergestellte schliefen in stabilen hölzernen Kastenbetten mit hölzernem „Himmel", von dem an allen vier Seiten Vorhänge herabhingen. Die Reichen hatten manchmal Federbetten, die meisten Leute aber benutzten Strohmatratzen und strohgefüllte Kissen. Mit zugezogenen Vorhängen war das Bett ein gemütlicher, intimer Raum. In solch einem Bett schlief z.B. ein Gutsverwalter um 1600.

Küche und Tafel

Der Speisezettel der Menschen des Mittelalters hing ganz vom Wohlstand ab. Adlige und reiche Kaufleute konnten sich eine abwechslungsreiche Kost (S.20) leisten, darunter auch teure Leckereien wie Trockenfrüchte, Mandeln und Gewürze aus Asien. Die Armen ernährten sich von dunklem Brot aus grobem Weizen-, Roggen- und Hafermehl sowie von Gartengemüse und Fleisch, vor allem von Schweinen aus eigener Fütterung. Im Winter mußten sich die ärmeren Leute mit gepökeltem Fleisch und Fisch zufriedengeben, denn Einsalzen (Pökeln) war damals die einzige Möglichkeit, Fleisch haltbar zu machen. Durch Zugabe von Hafermehl, Erbsen, Bohnen oder Brotkrümeln konnte man den salzigen Geschmack des Kochfleisches abmildern. Kühe, Schafe und Ziegen lieferten Milch. Milch und Milchprodukte waren eine wichtige Eiweißquelle.

Kleiner Topfhaken (Hal)

Kesselhaken (Sagehal)

Großer Hal für einen großen Kessel

AM HAKEN
Kochtöpfe hängte man mit Kesselhaken (Hal) über dem Feuer auf oder stellte sie in die heiße Asche. Wenn das Fleisch gar war, nahm man es mit einem Fleischhaken aus dem Topf. Dann gab man Gemüse und Körner in den Sud. Solche Eintopfsuppen waren in allen Ländern und in allen Schichten gebräuchlich.

Mit solch einem Fleischhaken fischte man das Fleisch aus dem Kessel.

An einem Sagehal konnten die Töpfe höher oder tiefer gehängt werden, je nachdem, wie stark das Essen kochen sollte.

FASTENSPEISE
An kirchlichen Fasttagen, z.B. am Freitag, durfte man kein Fleisch, wohl aber Fisch essen. Die einfachen Leute aßen vor allem Salzhering und Aal, die Reichen Karpfen und Hechte aus ihren eigenen Fischteichen, aber auch verschiedene Fluß- und Meeresfische.

Frische Bachforelle

Dreibeinuntersatz für Kochgefäße

Steinerne Herdeinfassung

Feuerholz

Dreibeinkessel konnten ins Feuer gestellt, aber auch darüber aufgehängt werden.

Wildkaninchen gab es auch bei einfachen Leuten.

Gänse mästete man als Festtagsbraten.

Wildtauben buk man in Ton gehüllt in der heißen Asche.

CHEFKOCH
In einem Bauernhaushalt kochte die Frau das Essen und backte das Brot für die Familie. In Guts- und Burgküchen aber war immer ein Mann der Küchenchef. Mit einem Heer von Küchenmädchen und Küchenjungen bereitete er das Essen vor und briet, kochte und backte für viele Menschen. Für den Abwasch waren die Küchenjungen zuständig.

Hier wird Fleisch auf einem Hackbrett zerlegt.

IN DER SPEISEKAMMER
Die Fleischkammer einer herrschaftlichen Küche war gut gefüllt. Neben Hammel-, Rind-, Schweine- und Kalbfleisch aß man auch gern Wildschwein. Außerdem kamen vom Schwan über Reiher bis zu Amseln und Grünfinken alle Arten von Vögeln an den Spieß oder in den Topf.

Minze *Salbei* *Rosmarin* *Petersilie*

KÜCHENKRÄUTER
Mit verschiedenen Kräutern machte man salziges oder fades Fleisch schmackhafter. In den Eintopf gehörte „Suppengemüse": Rüben, Lauch, Zwiebeln und Kohl.

Die brennenden Scheite wurden von „Feuerböcken" gehalten.

Schürhaken und -gabel

Anmachholz

Feuerstülpe zum Abdecken der Glut über Nacht

DER HERD
Die Bauernkaten hatten keinen Kamin. Da die Wände aus Rutengeflecht und Lehmschlag leicht brennbar waren, wurde über einem Feuer auf einer Steinplatte in der Mitte des Raumes gekocht. In Burgen und Gutshäusern gab es dagegen große Küchen mit gewaltigen steinernen Grillkaminen, in denen man Fleisch am Spieß briet. Über dem Feuer in den Küchen des englischen Königs Johann (1167–1216) konnten gleichzeitig zwei Ochsen braten. Da die Brandgefahr durch das offene Feuer groß war, befanden sich die Burgküchen in eigenen Gebäuden fernab vom Großen Saal.

Fortsetzung auf der nächsten Seite

Tischordnung

Die Hauptmahlzeit des Tages nahm man abends ein. An einem Ende der Halle saß der Guts- oder Burgherr mit seinen Gästen an einem Tisch, der auf einer erhöhten Plattform stand. Von seinem Platz konnte er auf die Mitglieder seines Haushalts herabblicken, die an den niederen Tischen im Saal saßen. Bei Festen gab es meist drei Gänge mit gekochtem Fleisch oder Fisch, Schwanen- oder Pfauenbraten (die Vögel wurden nach der Zubereitung wieder mit ihrem Federkleid garniert), gefolgt von zahlreichen Süßspeisen und würzigen Gerichten. Die Speisen wurden dampfend heiß serviert. Zuerst bekam der Herr seine Portion – allerdings erst, nachdem ein Vorkoster probiert hatte, ob die Speisen auch nicht vergiftet waren.

An jedem Platz lag ein rechteckiges Zinntablett als Schneidbrett.

Messer mit eingravierten Initialen des Besitzers

Trinkgefäß

Den Löffel stellte der Gastgeber.

Suppenteller aus Holz

GEDECK
Im Mittelalter aß man noch nicht mit der Gabel. Zum Essen benutzte jeder sein eigenes Messer und den Löffel, den der Gastgeber stellte. Ansonsten aß man mit den Fingern – bei Hofe mit vornehm abgespreiztem kleinem Finger.

VORNEHME GESELLSCHAFT
In der Mitte der erhöhten Tafel saß der Hausherr mit dem Rücken zur Wand auf einer Bank. Die übrige Tischgesellschaft tafelte entsprechend ihrer Rangfolge zu seiner Rechten und Linken: Kirchenmänner, Edelleute und Familie. Diener brachten die Speisen, die man ihnen aus der Küche reichte, und Krüge mit Wein aus dem Weinkeller. Oft sorgten zwischen den einzelnen Gängen Musikanten, Tänzer und Akrobaten für Unterhaltung.

Der Sitz des Hausherrn in der Tischmitte

Kostbarer Fliesenfußboden

Der Tisch des Adels stand auf einer erhöhten Plattform.

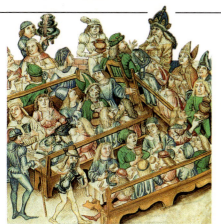

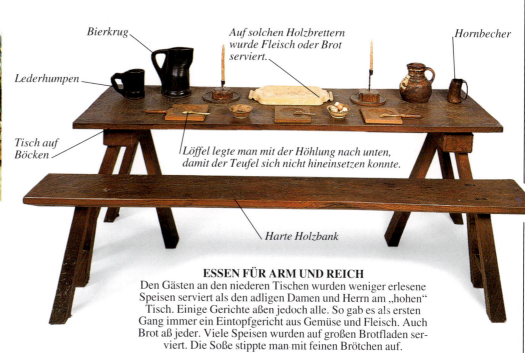

Bierkrug — *Auf solchen Holzbrettern wurde Fleisch oder Brot serviert.* — *Hornbecher*

Lederhumpen

Tisch auf Böcken

Löffel legte man mit der Höhlung nach unten, damit der Teufel sich nicht hineinsetzen konnte.

Harte Holzbank

BANKETT

Im Bankettsaal ging es hoch her. Die Tische bogen sich unter den Speisen, Hunde schnappten nach den Knochen, die auf den Boden geworfen wurden. Nur der Hausherr bekam seine Portion separat serviert. Die anderen teilten sich eine Schüssel mit bis zu drei anderen Gästen. Man aß vorwiegend mit den Fingern, so daß es zu den wichtigsten Tischmanieren gehörte, saubere Finger zu haben und diese nicht zum Naseputzen oder Kratzen zu benutzen.

ESSEN FÜR ARM UND REICH

Den Gästen an den niederen Tischen wurden weniger erlesene Speisen serviert als den adligen Damen und Herrn am „hohen" Tisch. Einige Gerichte aßen jedoch alle. So gab es als ersten Gang immer ein Eintopfgericht aus Gemüse und Fleisch. Auch Brot aß jeder. Viele Speisen wurden auf großen Brotfladen serviert. Die Soße stippte man mit feinen Brötchen auf.

Wertvolles Weinglas — *Hölzerne Trinkschale* — *Trinkgefäß aus glasiertem Steingut* — *Bemalter Keramikkrug für Wein oder Bier* — *Gefäß für Salz und Senf* — *Wandbehang aus gefärbtem Stoff*

Tischtücher wurden feucht mit runden Plättgläsern gebügelt.

VORNEHM GEDECKT

Auf dem „hohen" Tisch der Edelleute lag ein sauberes weißes Tischtuch. Darauf kamen Gedecktabletts, Eß- und Trinkgefäße, Salz, Krüge mit Getränken und in sehr wohlhabenden Haushalten auch Gläser. Im 15.Jh. wurde ringsum am Tisch ein langes Tuch befestigt, das allen als Serviette diente.

Frauen

Die christliche Welt des Mittelalters war eine Männerwelt. Frauen waren nicht lehnsfähig und spielten somit in der Politik keine große Rolle. Lediglich einige Äbtissinnen, Edeldamen und Königinnen konnten – über Männer – einen gewissen Einfluß ausüben. Die Frauen hatten Vätern und Ehemännern zu gehorchen. Eltern oder Vormund bestimmten für sie den Gatten und trafen alle anderen wichtigen Entscheidungen. Doch im Alltagsleben standen die Frauen „ihren Mann". Sie versorgten die Kinder, die Alten und die Kranken. Die Bauersfrauen mußten wie ihre Männer auf den Feldern arbeiten und sich zudem um den Haushalt und die Kleidung für die Familie kümmern. Die Ehefrauen und Töchter der Handwerker arbeiteten meist im Betrieb mit, viele führten auch Geschäfte in eigener Verantwortung. Und die Burgherrinnen verwalteten einen großen Haushalt und mußten die Verteidigung der Burg leiten, wenn ihr Gatte im Krieg war.

UNTER DER HAUBE
Unverheiratete Mädchen trugen ihr Haar meist offen. Von verheirateten Frauen erwartete man, daß sie ihren Kopf züchtig bedeckt hielten.

JEANNE D'ARC
Die hl. Johanna (1412–1431), Tochter eines französischen Bauern, hörte im Alter von 13 Jahren Stimmen, die ihr auftrugen, die Engländer zu vertreiben. Unter ihrer Führung errangen die französischen Truppen einen entscheidenden Sieg. Doch „die Jungfrau von Orleans" wurde verraten, und die Engländer verbrannten sie als Hexe.

NONNEN
Viele unverheiratete Edeldamen „nahmen den Schleier", d.h. sie traten in ein Kloster ein (S.36–39). Dort führten sie ein Leben in Abgeschiedenheit und konnten Bildung erlangen und Verantwortung übernehmen, die Frauen im weltlichen Leben oft versagt blieb. Die Äbtissinnen hatten als Grundherrinnen und Arbeitgeberinnen (oben) gesellschaftlichen Einfluß.

DIE STELLUNG HALTEN
Hier bricht eine Edeldame bei der Nachricht vom Tod ihres Gatten zusammen. Viele Frauen übernahmen die Verantwortung für ein großes Anwesen, wenn ihr Mann starb oder sich auf einen Kreuzzug begab. Sie schlichteten Streitigkeiten, führten die Gutsgeschäfte, verwalteten die Finanzen und mußten kämpfen, wenn ihre Burg belagert wurde.

REICHE FRAUEN
Dieses Siegel aus dem 13.Jh. gehörte der französischen Edeldame Elisabeth von Sevorc. Großgrundbesitzer, Männer wie Frauen, waren im Mittelalter sehr mächtig. Eine reiche unverheiratete Frau konnte ein Testament machen und Dokumente mit ihrem eigenen Siegel unterzeichnen. Wenn sie heiratete, gingen ihr Land und ihre Rechte auf ihren Ehemann über. Bei seinem Tod stand ihr ein Drittel seines Landes als Witwenrente zu.

SPINNEN
Mit solchen Handspindeln spannen arme wie reiche Frauen Garn. (Das Spinnrad kam im 13.Jh. aus Indien nach Europa.) Viele alleinstehende Frauen verdienten sich mit Spinnen ihren Lebensunterhalt, für Edeldamen war es nur eine Freizeitbeschäftigung.

Durch Drehung der Spindel wird die Wolle zum Faden verdrillt.

HAUBE
Die meisten Frauen bedeckten ihr Haar mit leinenen Tuchhauben, die Reichen aber trugen goldene Netze über ihren Haarschnecken. Die bekannte Spitzhaube war für kurze Zeit Ende des 15.Jh.s modern.

Die Leinenhaube hält das Haar nicht nur bedeckt, sondern auch sauber.

Verzierte Haarnadeln

Leinenärmel

Die Brokatärmel wurden an Sonntagen und bei besonderen Anlässen aufgesteckt.

Rosenkranz

STÄDTERIN
Solche Kleidung trug eine Frau des städtischen Mittelstandes im 15.Jh. In den Städten arbeiteten die Frauen in vielen Berufen – in Läden, als Spinnerin, Bäckerin oder Wirtin, in England auch als Brauerin. Da Frauen schlechter bezahlt wurden als Männer, gingen sie oft sogar mehreren Beschäftigungen nach.

FRÜHE FEMINISTIN
Christine de Pisan (1364–1429) war eine der wenigen mittelalterlichen Schriftstellerinnen. In ihren Werken wandte sie sich gegen die Rolle der Frau in der Männerliteratur.

Enganliegendes Miederteil

Lederbeutel als Tasche

Lederne Strumpfbänder

Die Wollstrümpfe reichten bis übers Knie.

Die hölzernen Trippen wurden unter die Lederschuhe geschnallt, um diese vor Schmutz zu schützen.

Schnallenschuh mit dünner Ledersohle

Die großen Fürsten

Jeder Adlige war letztlich ein Vasall (S.8) des Königs. Doch um das 12. Jahrhundert regierten in England und Frankreich mächtige Barone ihre Lehen als eigene Kleinstaaten mit eigenen Gesetzen. In Deutschland hatten die Stammesherzöge schon von jeher größere Macht und Eigenständigkeit besessen. Die Hofhaltung auf den Burgen der Barone und Herzöge stand der des Königs in nichts nach. Oft konnten die Landesfürsten in kürzester Zeit große Armeen mobilisieren. So hielt sich der französische Baron de Coucy eine Leibwache von 50 Rittern, von denen jeder wiederum zehn Gefolgsleute hatte. Diese kleinen Privatarmeen fielen zuweilen plündernd und mordend in Nachbarländer ein – und sie konnten dem König gefährlich werden, wenn er die Barone verärgerte.

MUSTERPARLAMENT
Heinrich III. von England (1207–1272) lud zur Nationalversammlung 1254 neben den Baronen und Prälaten auch zwei Ritter aus jedem Land ein. Sein Gegner Simon de Montfort (1208?–1265) ließ zusätzlich jede Stadt zwei Bürger entsenden. 1264 putschte er gegen den König, setzte ihn gefangen und berief das erste Parlament ein.

SÖLDNER
Manchmal warben die Barone Söldner an: bis zu 3000 Mann starke Heere von Soldaten aller Nationalitäten – Kreuzzugsdeserteure, Geächtete und aus ihrem Land verbannte Ritter.

GRAF DRACULA
Der rumänische Graf Vlad (1430?–1476) soll Tausende von Menschen auf Pfähle gespießt haben, was ihm den Beinamen „Tepez" (ungar. „Dracole" = der Pfähler) eintrug und Bram Stoker zu seinem Blutsaugerroman inspirierte.

WAPPEN
In der Schlacht waren die Gesichter der Ritter hinter der Rüstung verborgen. Daher trugen sie als Erkennungszeichen Wappen auf den Schilden. Ab Ende des 12.Jh.s waren Wappen auch Statussymbole der Adelsgeschlechter.

FLAGGE ZEIGEN
Jeder Adlige hatte ein Banner mit seinen Farben und dem Familienwappen, um das sich auf dem Schlachtfeld seine Gefolgsleute sammelten.

Flagge aus dem 15.Jh.

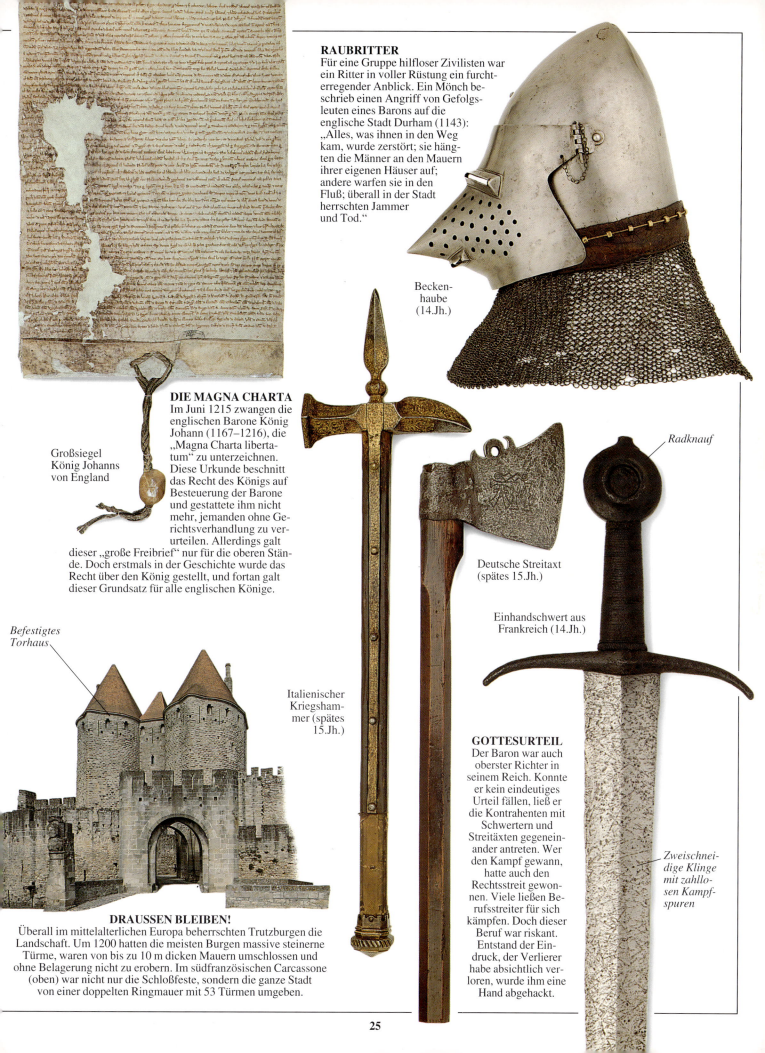

RAUBRITTER
Für eine Gruppe hilfloser Zivilisten war ein Ritter in voller Rüstung ein furchterregender Anblick. Ein Mönch beschrieb einen Angriff von Gefolgsleuten eines Barons auf die englische Stadt Durham (1143): „Alles, was ihnen in den Weg kam, wurde zerstört; sie hängten die Männer an den Mauern ihrer eigenen Häuser auf; andere warfen sie in den Fluß; überall in der Stadt herrschten Jammer und Tod."

Beckenhaube (14.Jh.)

Großsiegel König Johanns von England

DIE MAGNA CHARTA
Im Juni 1215 zwangen die englischen Barone König Johann (1167–1216), die „Magna Charta libertatum" zu unterzeichnen. Diese Urkunde beschnitt das Recht des Königs auf Besteuerung der Barone und gestattete ihm nicht mehr, jemanden ohne Gerichtsverhandlung zu verurteilen. Allerdings galt dieser „große Freibrief" nur für die oberen Stände. Doch erstmals in der Geschichte wurde das Recht über den König gestellt, und fortan galt dieser Grundsatz für alle englischen Könige.

Radknauf

Deutsche Streitaxt (spätes 15.Jh.)

Einhandschwert aus Frankreich (14.Jh.)

Italienischer Kriegshammer (spätes 15.Jh.)

Befestigtes Torhaus

GOTTESURTEIL
Der Baron war auch oberster Richter in seinem Reich. Konnte er kein eindeutiges Urteil fällen, ließ er die Kontrahenten mit Schwertern und Streitäxten gegeneinander antreten. Wer den Kampf gewann, hatte auch den Rechtsstreit gewonnen. Viele ließen Berufsstreiter für sich kämpfen. Doch dieser Beruf war riskant. Entstand der Eindruck, der Verlierer habe absichtlich verloren, wurde ihm eine Hand abgehackt.

Zweischneidige Klinge mit zahllosen Kampfspuren

DRAUSSEN BLEIBEN!
Überall im mittelalterlichen Europa beherrschten Trutzburgen die Landschaft. Um 1200 hatten die meisten Burgen massive steinerne Türme, waren von bis zu 10 m dicken Mauern umschlossen und ohne Belagerung nicht zu erobern. Im südfranzösischen Carcassonne (oben) war nicht nur die Schloßfeste, sondern die ganze Stadt von einer doppelten Ringmauer mit 53 Türmen umgeben.

Am Königshof

Tränendes Herz

Der Königshof war Glanz- und Mittelpunkt des Reiches. Hier stellte der König mit Zeremonien und Banketten seine Macht zur Schau, hier mußten Steuern entrichtet werden, wurden Streitigkeiten geschlichtet und Gesetze erlassen. Für die feudalen Könige war es besonders wichtig, ihre Barone unter Kontrolle zu halten. Heinrich II. von England (1133–1189) hielt daher Hofversammlungen zur Schlichtung von Landrechtsstreitigkeiten ab, und Ludwig IX. von Frankreich (1214–1270) hörte sich jeden Fall persönlich an. Andere Monarchen versetzten Untertanen und ausländische Gäste durch den Prunk ihrer Hofhaltung in Staunen. Besonders prachtvoll waren die sizilianischen Schlösser Kaiser Friedrichs II. (1194–1250) mit ihren goldenen Fußböden und Parks mit exotischen Tieren.

GÖTTLICHES HERRSCHAFTSRECHT
Die meisten Könige des Mittelalters glaubten, daß ihnen von Gott absolute Macht über ihre Untertanen verliehen sei. Das führte oft zu Überheblichkeit – und Katastrophen. Richard II. von England (1367–1400) saß einmal mehrere Stunden auf seinem Thron, weil er es genoß, daß seine Höflinge vor ihm niederknien mußten, wenn er sie anblickte. 1399 wurde der Despot Richard gestürzt.

Die Lanzen sind etwa 4 m lang.

LIEBES-LYRIK
Troubadoure trugen an den Adelshöfen Gedichte und Geschichten vor und begleiteten sich dabei auf der Harfe oder Laute (S.44). Eine Hauptform der höfischen Dichtung war der Minnesang – Liebeslyrik, die der Ritter einer hochgestellten verheirateten Dame widmete.

EINE LANZE BRECHEN
Die meisten Monarchen waren eifrig darauf bedacht, ihre Edelmänner am Königshof zu halten, wo sie ein Auge auf sie haben konnten. Eine große Attraktion war die Tjoste – ein Zweikampf, bei dem die Kämpfer ihr Können zeigen konnten, ohne daß es dabei zu ernsthaften Verletzungen kam. Hier kämpfen zwei Ritter zu Pferde mit langen Lanzen. Ziel war es, den Gegner vom Pferd zu stoßen oder ihn zum Aufgeben zu zwingen.

Hofdamen sehen dem Turnier von der Tribüne aus zu.

Dieser prachtvolle Schild war möglicherweise ein Turnierpreis.

KRIEGSSPIELE
Pomp und Zeremonien waren bei Hofe wichtig. Im 11. Jh. war das Schaugefecht (Turnier) beliebt. Unter den Augen des Königs, der Königin und ihrer Höflinge kämpften Ritterheere gegeneinander. Zwar war es Ziel des Turniers, den Gegner gefangenzunehmen und nicht zu töten, doch man kämpfte mit scharfen Waffen. Daher gab es immer wieder Tote. So starben bei einem Turnier in Köln über 60 Ritter.

Spielstein für ein backgammonähnliches Spiel

ZEITVERTREIB
Die Edeldamen und Edelmänner bei Hofe vertrieben sich ihre Zeit mit Würfeln oder mit Brettspielen wie Backgammon und Schach. Kartenspiele kamen im 13. Jh. in Mode.

Das königliche Siegel beurkundet das Schreiben.

BRIEF UND SIEGEL
Der König tat seine Anordnungen durch königliche Verfügungen kund. In der königlichen Schreibstube wurden jährlich Hunderte von Urkunden verfaßt, in denen der König Land zu Lehen gab, die Erlaubnis erteilte, Armeen aufzustellen, oder Steuern erhob. In diesem Erlaß von 1291 vergibt Eduard I. von England Jagdrechte an Baron Roger von Pilkington.

HÖFISCHE LIEBE
Die höfische Minne unterlag strengen Regeln. Der Ritter verehrte die von ihm ausersehene (verheiratete und daher unerreichbare) Dame von Ferne, schrieb Liebesgedichte, kämpfte für sie im Turnier und widmete ihr all seine tapferen Taten. Dieser Schild zeigt einen Ritter, der huldigend vor seiner Dame das Knie beugt. Das Spruchband trägt den Wahlspruch *Vous ou la mort* („Ihr oder der Tod").

Flämischer Schild (15. Jh.)

Krieger

Frieden hatte im mittelalterlichen Europa Seltenheitswert. Über drei Jahrhunderte zogen sich die Kreuzzüge gegen die Muslime hin. England und Frankreich fochten von 1337 bis 1453 im „Hundertjährigen Krieg" gegeneinander. Selbst wenn keine größeren Kriegszüge stattfanden, machten Raubritter den Menschen das Leben schwer. Im frühen Mittelalter beherrschte der Ritter in schwerer Rüstung das Schlachtfeld. Voll Verachtung blickte er auf die Fußsoldaten herab – Haufen verängstigter Bauern ohne militärische Ausbildung, die von ihren Herren zum Kriegsdienst gepreßt wurden. Im 15. Jahrhundert verloren die Ritter an Bedeutung und begann der gemeine Soldat eine wichtigere Rolle zu spielen. Er war nun meist Berufssoldat: ein gutbezahlter und im Umgang mit den Waffen geübter Kämpfer. Viele Soldaten stellten sich als „Landsknechte" in den Dienst des Meistbietenden.

DIE KREUZZÜGE
1095 rief der Papst zum „heiligen Krieg" gegen die moslemischen Türken auf, die das Heilige Land besetzt hatten. Auf dem Ersten Kreuzzug gelang es der europäischen Streitmacht, Jerusalem aus der Hand der Türken zu befreien – aber nicht für lange. Die acht folgenden Kreuzzüge (1147–1270) waren allesamt Fehlschläge. Das Bild (15.Jh.) zeigt die Ankunft von Kreuzfahrern in Damietta/Ägypten.

Mit der schwertartigen Spitze der „Gleve" konnte man dem Feind aus sicherer Entfernung einen Stoß versetzen.

Die Kette verhinderte, daß Schwertschläge den Arm durchtrennten.

SCHÜTZEN
Bogenschützen trugen zum Bedeutungsverlust der Ritter als Kämpfer bei. Selbst wenn die aus einiger Entfernung abgeschossenen Pfeile nicht durch die Ritterrüstung drangen – ohne Pferd war der Ritter ein leichtes Opfer für Fußsoldaten.

Hölzerne Bierschale

Suppenteller und Löffel

Zunder *Stahl* *Feuerstein*

Feuerstein, Stahl und Zunder zum Entzünden des Lagerfeuers

Die Habe des Soldaten paßte in den Segeltuchsack.

Innenhandschuh aus Schafleder

Panzerhandschuh (Gantelet) zum Schutz von Hand und Handgelenk

Solche Lederstiefel hielten etwa drei Monate.

MIT LEEREM BAUCH UND BLASEN AN DEN FÜSSEN
Das Soldatenleben war oft sehr hart. Ein Fußsoldat mußte am Tag etwa 10 km laufen, manchmal sogar dreimal soweit. Sein Teller blieb oft leer, denn eine große Armee aß ganze Landstriche schnell kahl. Den hungernden französischen Soldaten des Ersten Kreuzzugs (1097) wurde befohlen, ihre Feinde zu verspeisen; schließlich lägen genug Leichen auf den Schlachtfeldern.

Das sichtbehindernde Visier wurde nur im schlimmsten Kampfgetümmel heruntergeklappt.

Schallern (Helmart des 15.Jh.s)

Auslaufender Nackenschutz

Dolch Eßmesser

LÖSEGELD
Ein gefangener Feind konnte sich als wertvoll erweisen. Bedeutende Gefangene wurden oft gegen Lösegeld freigekauft. Für Richard I. (1157–1199) mußten die Engländer 150.000 Mark zahlen. Das war 1194 eine gewaltige Summe.

GÜRTELTASCHE
Da die Soldaten ihre Habseligkeiten immer bei sich tragen mußten, war ihr Gepäck auf das Notwendigste beschränkt. Solch eine Gürteltasche beherbergte Geld, Spielwürfel, Nadel und Faden sowie ein Halstuch.

NAHKAMPF
Mit einem Schwert in der rechten und einem kleinen runden Faustschild in der linken Hand war ein Soldat ein gefährlicher Gegner. Der Faustschild diente nicht nur zur Schlagabwehr, sondern auch als Schlagwaffe. Meist aber wurde mit langschäftigen Waffen (Lanzen, Speere, Piken) auf Abstand gekämpft. Regeln gab es in den mittelalterlichen Kriegen nicht. Viele Schlachten waren schreckliche Gemetzel.

Der Panzerhandschuh schränkte die Beweglichkeit des Handgelenks ein.

Faustschild

LANDSKNECHT
Ausrüstung (links) eines Landsknechts Ende des 15.Jh.s: Er wurde als Söldner angeworben und mußte seine Ausrüstung im wesentlichen selbst stellen. Oft war sie gestohlen oder im Kampf erbeutet. Die „Rüstung" der Soldaten war wesentlich leichter als die der alten Ritter. Eine wattierte Jacke (Koller) mit eisernem Hand- und Armschutz bot einen recht guten Schutz vor Schwerthieben und Pfeilen.

Enganliegende Panzerjacke (Koller)

Steppjacke aus mehreren Lagen Segeltuch

Dünner Ledergurt

Einhändig geführtes Schwert für den Nahkampf

Die Kirche

Die römisch-katholische Kirche war im Mittelalter die einzige Kirche des Westens und der Papst somit das Oberhaupt aller Christen Westeuropas. Mit eigenen Gesetzen, eigenen Ländereien und eigenen Steuereinkünften war die Kirche sehr mächtig. Sie nahm Einfluß auf alle Belange des täglichen Lebens. Männer und Frauen, Arme und Reiche wurden in der Kirche getauft und getraut. Die meisten Menschen besuchten jeden Sonntag den Gottesdienst. Wenn sie starben, wurden sie nach christlichem Ritus auf geweihtem Boden beerdigt. Die Kirche gab den Menschen, die ihren Lehren folgten, die Hoffnung auf ein ewiges himmlisches Leben nach dem oft harten, kurzen irdischen Dasein. Mit ihren Lehren konnten die Kirchenmänner allerdings auch große Macht auf die meist ungebildeten Gläubigen ausüben.

KIRCHENFÜRST
Die Erzbischöfe saßen im Thronrat und bestimmten somit die Geschicke eines Landes wesentlich mit.

SYMBOLVOGEL
Eine solche goldene Taube hing während der Eucharistiefeier, bei der Wandlung von Brot und Wein in Christi Fleisch und Blut, als Symbol des Heiligen Geistes über dem Altar.

An den vergoldeten Ketten kann das Weihrauchfaß geschwenkt werden.

KIRCHENSCHÄTZE
Im 14.Jh. war die Kirche enorm mächtig – und reich. Pachtzinsen, der Zehnt (S.13) und der Verkauf von Ablaßbriefen (als Sündenerlaß) brachten große Einnahmen. So konnten größere Pfarreien sich wertvolle Zeremoniengefäße wie diesen Silberkelch (14.Jh.) leisten.

AUFGABEN DES PFARRERS
Die Pfarrer hatten kein einfaches Leben. Viele waren arm und besaßen kaum Bildung. Das Einkommen eines „Pfaffen" bestand vorwiegend aus Gebühren für Taufen (oben), Eheschließungen und Beerdigungen. Außerdem baute er auf Pfarrland Getreide, Obst und Gemüse für den eigenen Bedarf an. Die Sorge eines Gemeindepfarrers galt nicht nur den Seelen seiner Gläubigen, er kümmerte sich auch um Kranke und Bedürftige.

Im Rauchfaß wird Weihrauchharz verbrannt.

WENN WEIHRAUCH ZUM HIMMEL STEIGT
Weihrauch fand im 5.Jh. auf dem Weg über das antike Kaiserzeremoniell Eingang in die katholische Meßfeier. Der Besuch der Messe war eine Voraussetzung für die Erlangung des ewigen Heils, und wer es sich leisten konnte, ließ für seine verstorbenen Angehörigen möglichst viele Seelenämter lesen.

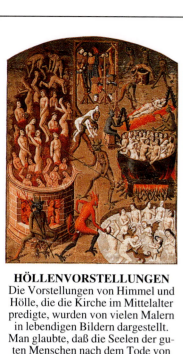

HÖLLENVORSTELLUNGEN
Die Vorstellungen von Himmel und Hölle, die die Kirche im Mittelalter predigte, wurden von vielen Malern in lebendigen Bildern dargestellt. Man glaubte, daß die Seelen der guten Menschen nach dem Tode von Engeln in den Himmel getragen, die der Bösen von Dämonen in die Hölle gezerrt würden. Letztere glich mittelalterlichen Folterkammern.

TOD IN DEN FLAMMEN
Wer sich gegen die Lehren der Kirche stellte, wurde Ketzer genannt. Dieses Wort leitet sich von der Sekte der Katharer („die Reinen") ab, die glaubten, alles auf Erden sei vom Teufel geschaffen und die Menschenseelen seien gefallene Engel. Sie verwarfen das Alte Testament, die kirchliche Hierarchie, Ehe und Eid. In Italien nannte man die Katharer „Gazzari" (daher der Name „Ketzer"), in Frankreich Albigenser. In der Inquisition und den Albigenserkriegen löschte die Kirche diese Sekte aus. Tausende Katharer wurden gefoltert und starben auf dem Scheiterhaufen.

Der Engel schwingt ein Weihrauchfaß.

Engel aus dem Hauptschiff einer Kirche (S.39)

Dieser Engel hält ein Kirchenmodell in Händen.

Der Engel trägt eine vergoldete Schatulle.

STELLVERTRETER CHRISTI
Der Papst als Stellvertreter Christi auf Erden war Oberhaupt der gesamten Westkirche. Dieser schwere Goldring gehörte Eugenius IV., Papst von 1431 bis 1437.

BISCHOFSMÜTZE
Die Bischöfe waren die Herren der Landeskirchen. Von ihren großen Kathedralen aus regierten sie ihre Diözese mit jeweils mehreren Pfarreien. Die Bischöfe entstammten in der Regel dem Adel und waren auch in weltlichen Dingen einflußreich. Manche waren hoch gebildet und fromm, andere nicht. Ein italienischer Bischof des 13.Jh.s gab zu, daß er nur wegen des Ansehens und des Reichtums Bischof geworden war.

Bischofsmütze (Mitra) aus dem 14.Jh.

Das Bild stellt die Krönung Mariens durch Christus dar.

Bau einer Kathedrale

Die großen Kirchen des frühen Mittelalters waren meist im römischen oder byzantinischen Stil erbaut. Erst Ende des 10. Jahrhunderts entstand ein eigener Stil, der sich aber noch stark an römische Vorbilder anlehnte und daher Romanik genannt wird. Romanische Kirchen waren wuchtig, den Innenraum überspannte ein Tonnen- oder ein Kreuzgewölbe. Um der wachsenden Zahl der Gläubigen und Pilger aufgrund des raschen Bevölkerungsanstiegs im 12. Jahrhundert gerecht zu werden, wurden immer mehr Kirchen gebaut. Ein neuer Stil, die Gotik, ermöglichte den Bau größerer Kathedralen. Mit Kreuzrippengewölben, Spitzbögen und Strebewerk konnte man lichtere, größere Kirchen bauen, die scheinbar schwerelos gen Himmel streben. Als älteste gotische Kirche gilt die Abteikirche von Saint-Denis bei Paris (um 1130).

SYMPHONIEN IN STEIN
Bis 1350 entstanden allein in Frankreich 80 Kathedralen. Der 1211 begonnene Dom von Reims (oben) war einer der ersten mit Strebebögen.

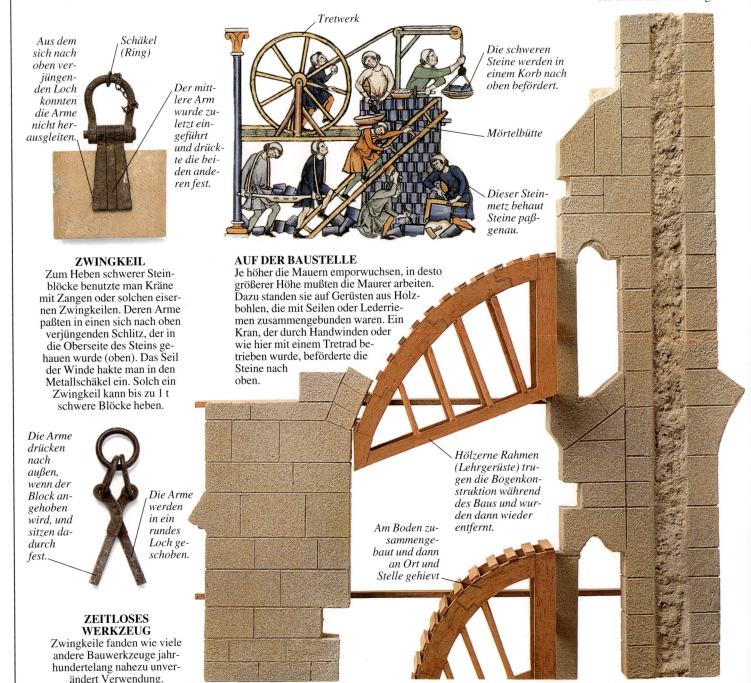

Aus dem sich nach oben verjüngenden Loch konnten die Arme nicht herausgleiten.

Schäkel (Ring)

Der mittlere Arm wurde zuletzt eingeführt und drückte die beiden anderen fest.

Tretwerk

Die schweren Steine werden in einem Korb nach oben befördert.

Mörtelbütte

Dieser Steinmetz behaut Steine paßgenau.

ZWINGKEIL
Zum Heben schwerer Steinblöcke benutzte man Kräne mit Zangen oder solchen eisernen Zwingkeilen. Deren Arme paßten in einen sich nach oben verjüngenden Schlitz, der in die Oberseite des Steins gehauen wurde (oben). Das Seil der Winde hakte man in den Metallschäkel ein. Solch ein Zwingkeil kann bis zu 1 t schwere Blöcke heben.

AUF DER BAUSTELLE
Je höher die Mauern emporwuchsen, in desto größerer Höhe mußten die Maurer arbeiten. Dazu standen sie auf Gerüsten aus Holzbohlen, die mit Seilen oder Lederriemen zusammengebunden waren. Ein Kran, der durch Handwinden oder wie hier mit einem Tretrad betrieben wurde, beförderte die Steine nach oben.

Die Arme drücken nach außen, wenn der Block angehoben wird, und sitzen dadurch fest.

Die Arme werden in ein rundes Loch geschoben.

Hölzerne Rahmen (Lehrgerüste) trugen die Bogenkonstruktion während des Baus und wurden dann wieder entfernt.

Am Boden zusammengebaut und dann an Ort und Stelle gehievt

ZEITLOSES WERKZEUG
Zwingkeile fanden wie viele andere Bauwerkzeuge jahrhundertelang nahezu unverändert Verwendung.

ZUM HIMMEL STREBEND

Gotische Kathedralen werden von steinernen Skeletten getragen. Die Rippen befinden sich in den Deckenbögen, die Dächer aus schweren Steinplatten tragen. Sie ruhen auf Säulen und bilden Spitzbögen. Die Gewölbeschale zwischen den Rippen wurde aus kleineren Steinen gemauert. Rippengewölbe mit Spitzbögen sind sehr tragfähig und ermöglichen den Bau lichter, hoher Hallen. Die Kirchenschiffe wurden immer höher. Das Hauptschiff der Kathedrale von Beauvais/Frankreich erreicht z.B. schwindelerregende 48 m!

AUFSTREBEND

Zum tragenden Skelett einer gotischen Kathedrale gehört auch das Strebewerk. Die schweren Steindächer drücken die tragenden Säulen der Schiffe nach außen. Um dieser Kraft entgegenzuwirken, baute man Strebepfeiler an die Außenmauern. Diese fangen den Druck auf. Doch ganz oben, wo die Rippen der Gewölbe auf die Wand treffen, können auch diese Pfeiler den Schub nicht halten. Daher setzte man zusätzliche Strebebögen (Hochschiffbögen) auf, die die nach außen wirkenden Schubkräfte nach unten verlagern.

Schotter füllt den Raum zwischen den Steinblöcken aus.

Regenrinne

Der Strebebogen verstärkt die Wand.

Wasserspeier

ES WERDE LICHT
Die betonte senkrechte Linienführung bei diesem hochgotischen Fenster (15.Jh.) lenkt den Blick nach oben. Filigranes steinernes Maßwerk bildete den Rahmen für herrliche Buntglasfenster (S.34–35).

FRÜHGOTISCH
Solche Lanzettfenster mit einfachem Vierpaß findet man in Kirchen aus dem 13.Jh.

WASSERSPEIER
Das Regenwasser wurde in Dachrinnen aufgefangen und schoß dann aus Wasserspeiern heraus, die oft karikaturistisch-groteske Gesichter zeigen.

Geschichten in Bildern

Schon im 6. Jahrhundert schrieb der hl. Gregor, daß „für den, der nicht gelehrt ist und nur schauen kann, ein Bild das gibt, was für den, der lesen kann, die Schrift erreicht". Für die einfachen Menschen im mittelalterlichen Europa waren die Kirchen daher nicht nur Orte der Anbetung, sondern auch gewaltige Bilderbücher. In den großen Kathedralen gab es eine Fülle von Statuen und Schnitzereien, Altarbildern und Fresken, die Geschichten aus der Bibel, Heiligenlegenden und kirchliche Morallehren veranschaulichten. Besonders eindrucksvoll waren die großen Buntglasfenster, die nicht nur Geschichten erzählten, sondern den Kirchenraum in ein überirdisch anmutendes Licht tauchten, wenn die Sonne durch die farbigen Scheiben fiel.

IKONEN AUS DEM OSTEN
Die Anregungen für die bildhafte Ausgestaltung der Kirchen kamen aus Byzanz. Ikonen (oben eine Christusikone) sind Bilder von Christus, Maria, anderen Heiligen oder biblischen Szenen, die in der Ostkirche noch heute verehrt werden.

Pinsel aus Schweineborsten

Mit dem Punktierpinsel konnte aufgetragene Farbe zur Aufhellung teilweise wieder abgenommen werden.

Zeichenpinsel für feine Linien

Lötstelle

Linie der zeichnerischen Vorlage

Bleiglätter

Zum Glasbrechen benutzt man heute solche Glaserzangen, im Mittelalter nahm man Feuerstein.

Moderne Glaserwerkzeuge

GLASER UND GLASMALER
Buntglas kam in größeren Scheiben aus den Glasschmelzen. Die Glaser schnitten sich die Stücke in der benötigten Form zurecht. Durch Abkratzen der Oberfläche oder Auftragen von Bleifarben konnten sie die Farbschattierung verändern.

PUZZLEARBEIT
Wie ein Puzzle werden die kleinen Buntglasstücke mit Blei zusammengefügt. Das Glas sitzt in Vertiefungen im Fensterblei. Große Hufnägel halten alles zusammen. Schließlich werden die Verbindungsstellen der Bleiruten auf der Vorder- und Rückseite verlötet und das Glas mit Kitt versiegelt. Zusammen mit anderen Glasbildern wird die Scheibe dann in das steinerne Maßwerk (S.53) eines Fensters gesetzt. Das Blei muß erst nach über 100 Jahren ersetzt werden.

Ein Teufel bedrängt die Klatschweiber.

Oft ließ man eine „weiße Linie" aus Klarglas an den Stellen, wo das Glas wahrscheinlich zerbrach, wenn man die Scheibe zur Neuverbleiung aus dem Rahmen lösen mußte.

Zugeschnittene und bemalte Figur

Fuge für Blei

Die Bleiruten haben beiderseits Rinnen, in die das Glas gesteckt wird.

Große Nägel halten das Puzzle zusammen, bis es verlötet ist.

Karl der Große (S.6) verbreitete in seinem Reich das Christentum.

Blei läßt sich leicht in Form biegen.

Das Tafelbild wurde hinter dem Altartisch aufgestellt.

MERKBILDER
Buntglasfenster waren wie Bilderbücher. Sie vermittelten den Leseunkundigen biblische Geschichten und kirchliche Lehren. Hier sitzen Teufel drei Klatschbasen im Nacken. Die Moral ist eindeutig: Sprich nicht schlecht über andere!

ZUGESCHNITTEN UND BEMALT
Die Vorlage für ein Buntglasfenster wurde auf ein mit Kalk und Wasser bestrichenes Brett gezeichnet. Die Glasstücke wurden aufgelegt und mit einem heißen Kröseleisen zugeschnitten, die Ränder mit einer Zange gebrochen. Die Konturen wurden mit Schwarzlot (flüssiges Bleiglas) aufgemalt und das Glas gebrannt, damit die Farben eindrangen.

HIMMELBLAU
Buntglas wurde durch Zugabe von Metalloxiden zur Glasschmelze hergestellt. Die so entstandenen leuchtenden Farben benannte man meist nach Edelsteinen: Rubinrot, Smaragdgrün, Saphirblau. Die Farbrezepte waren gutgehütete Geheimnisse, und die meisten Mischungen sind heute nicht mehr bekannt. Das leuchtendblaue Glas in diesen Fenstern aus der Kathedrale von Chartres nannte man *bleu de ciel* – „Himmelblau".

LEUCHTENDES BEISPIEL
Altarbilder zeigten meist Szenen aus dem Leben Jesu. Dieses Tafelbild wurde 1333 von Simone Martini und Lippo Memmi für die Kathedrale von Siena/Italien gemalt. Es zeigt die Verkündigung des Erzengels Gabriel an Maria. Die Gestalten sind lebendiger dargestellt als auf den flächig gemalten Ikonen. Die zentralen Figuren heben sich, in anmutiger Bewegung eingefangen, plastisch vom goldenen Hintergrund ab.

Klöster und Orden

Keltischer Mönch aus dem 12. Jh.

Als Vater des abendländischen Mönchtums gilt Benedikt von Nursia (480–547). Er gründete 529 auf dem Monte Cassino in Süditalien ein Kloster, in dem Mönche zusammen lebten, arbeiteten und beteten. Für sie verfaßte er seine berühmte Regel, die als „Regel des hl. Benedikt" wegweisend für viele Orden wurde. Die Mönche, die ihr folgten, nannte man nach ihm „Benediktiner". Die Benediktiner legten ein dreifaches Gelübde ab: Sie gelobten Armut, Keuschheit (lebenslange Ehelosigkeit) und Gehorsam (gegenüber dem Abt). Solche Versprechen kann man nicht leichtfertig geben. Daher ordnete Benedikt an, daß jeder, der ins Kloster eintrat, ein Jahr als Novize dort leben sollte, ehe er sein Gelübde ablegte. Dann wurde ihm die „Tonsur" (von lat. tondere = scheren) geschoren, d.h. das Haar am Oberkopf rund ausrasiert. Die Tonsur kennzeichnete ihn als Ordensbruder.

Tonsur

Beinerner Griffel

Wachstafel auf Hornplatte

AUF WACHS
Mit einem Griffel schrieben die Mönche Psalmen und Gebete auf solche Wachstafeln. Das Abschreiben geistlicher Texte galt als Dienst an Gott. Der hl. Bernhard von Clairvaux (1090–1153) sagte seinen Mönchen, jedes Wort, das sie schrieben, bedeute einen Schlag gegen den Teufel.

GESCHICHTSSCHREIBER
Die Klöster waren Zentren der Gelehrsamkeit und viele Mönche sehr gebildet. Der englische Benediktinermönch Beda (673?–735) schrieb wissenschaftliche, religiöse und historische Werke, darunter seine bekannte *Kirchengeschichte des Volkes der Angeln*. Mönchen wie dem hl. Beda verdanken wir einen Großteil unseres Wissens über die Geschichte des Mittelalters.

KEIN LICHT IM DUNKELN
Nach der Regel des hl. Benedikt sollten die Mönche einfach leben. Daher waren anfangs keine Kerzen zum Lesen im Gottesdienst gestattet – die Brüder mußten alle Gebete und biblischen Texte auswendig lernen.

KLOSTERREFORM
Im 10. Jh. hielten sich nicht mehr alle Mönche an die Ordensregeln. Der Mönch unten wurde mit seiner Geliebten wegen des Verstoßes gegen das Keuschheitsgelübde in den Block gespannt. Mit der Gründung des unabhängigen Klosters Cluny in Frankreich setzte 910 eine Klosterreform unter Rückbesinnung auf die benediktinische Regel ein. Neben den Cluniazensern gab es weitere bedeutende Klosterbewegungen. So entstanden der Einsiedlerorden der Kartäuser und die Zisterzienser, bei denen harte Arbeit das Klosterleben prägte.

FRANZISKUS
Franz von Assisi (1182?–1226) gab all seinen Besitz für ein einfaches Leben in der Nachfolge Christi auf. Er gründete in Italien den neuen Orden der Minderen Brüder, später nach ihrem Gründer Franziskaner genannt. Sie zogen als Wanderprediger umher und erbettelten ihr täglich Brot. Die hl. Klara, eine Schülerin des hl. Franz, gründete einen franziskanischen Frauenorden (Klarissen).

Einfache Schnur als Gürtel

Barfüßig

Unter der Kutte wurde ein Leinenhemd getragen.

Warmer Umhang für kalte Witterung

Die lange Wollkutte ist römischer Kleidung nachempfunden.

KOPFWÄRMER
Im Winter zog ein kalter Wind durch die Klosterhallen und die kahlen Zellen der Mönche. Nur die Krankenstube war immer beheizt. Das Klosterleben war hart, doch war der hl. Benedikt nicht der Auffassung, daß die Mönche ihre Gesundheit im Dienst Gottes ruinieren sollten. Daher schrieb die Ordensregel zwar einfache, aber bequeme Kleidung vor und gestattete es den Mönchen, ihren Kopf mit solchen Leinenmützen warm zu halten. Die Zisterzienser lehnten eine solche „Verweichlichung" ab. Viele von ihnen gingen barfuß, und manche trugen sogar Hemden aus kratzendem Tierhaar als Unterwäsche.

Rosenkranz aus Holzperlen. Jede Perle steht für ein Gebet (Ave Maria, Vaterunser usw.).

Eßmesser

Die Benediktiner durften Ledergürtel tragen.

Einfache, handgenähte Lederschuhe. Die Benediktiner durften geschlossene Schuhe tragen.

ZEITLOSER HABIT
Die Mitglieder des ältesten und größten Mönchsordens, die Benediktiner, nannte man wegen ihrer schwarzen Kutten auch die Schwarzen Mönche. Jeder der im 10., 11. und 12. Jh. gegründeten Orden hatte seine eigene Tracht. Die Zisterzienser z.B. trugen grobe Tuniken aus ungefärbter Wolle, man nannte sie daher Weiße Mönche. Der Habit (die Ordenstracht) ist bei allen Orden bis heute weitgehend unverändert geblieben.

Klosterleben

Ein Kloster war eine Welt für sich. Unter Leitung eines Abtes bzw. einer Äbtissin lebten die Mönche bzw. Nonnen weltabgeschieden und entsprechend den Klosterregeln. Wenn jemand als Novize oder Novizin in den Orden eintrat, war dies meist eine Entscheidung fürs ganze Leben. Von da an war jeder Augenblick den klösterlichen Regeln unterworfen. Einen Großteil der Zeit verbrachte man beim Gottesdienst und mit dem Lesen und Abschreiben religiöser Texte. Andere Aufgaben waren die Armen- und Krankenpflege, Unterweisung der jüngeren Ordensleute und Arbeit in Garten, Mühle oder an den Fischteichen des Klosters. In vielen Orden gab es Schweigegebote, d.h. die täglichen Verrichtungen wurden in Stille erledigt. Obwohl Mönche und Nonnen der Welt entsagt hatten, waren sie für die Gesellschaft von großer Bedeutung: Sie speisten die Armen, pflegten die Kranken und gaben Pilgern und Reisenden Herberge.

GEBETSRUNDE
Nach einem festen Gottesdienstplan besuchten die Mönche achtmal täglich die Klosterkirche. Die Frühmette begann um zwei Uhr morgens. Die Schlafsäle lagen nahe der Kirche, damit die Klosterbrüder nicht zu spät zum Gottesdienst kamen. Im frühen 11.Jh. mußten die Mönche in Canterbury/England 55 Psalmen nacheinander singen, ohne sich dabei hinzusetzen. Die hier abgebildeten Benediktiner haben immerhin Bänke.

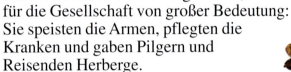

Der einkammrige Flechtkorb ist mit Lehm verputzt.

Bienenkorb aus Hasel- oder Weidenruten

Strohummantelung zum Warmhalten des Bienenkorbs im Winter

Madonna mit dem Kind

Klosterkirche

FLEISSIGE BIENEN
Die Zisterzienser hielten harte Arbeit für die beste Art, Gott zu dienen. Sie bauten ihre Klöster fernab größerer Siedlungen, so daß sie ihre Felder ohne Ablenkungen bearbeiten konnten. Ihre Ländereien wurden so groß, daß sie Laienbrüder (Männer aus dem Volk, die auch die Gelübde ablegten, aber aufgrund mangelnder Bildung keine höheren Weihen erreichten) aufnehmen mußten, damit alle Arbeit getan werden konnte. Bienen versorgten die Mönche mit Honig und Wachs.

KLÖSTERLICHE KRANKENPFLEGE
Nonnen legten die gleichen Gelübde ab wie die Mönche (S.36) und lebten auch ähnlich. Nur der Zugang zum Priesteramt blieb ihnen verwehrt. Oft widmeten sie sich der Krankenpflege – gemäß dem Jesuswort „Was ihr für einen der geringsten meiner Brüder getan habt, das habt ihr mir getan". So wurden viele Klöster zu Krankenhäusern, die allen offenstanden. Die Medikamente und Behandlungsmethoden (S.60–61) waren zwar oft unzulänglich, doch immerhin bekamen die Patienten ein sauberes Bett und zu essen.

Modell einer Abtei aus dem 15.Jh.

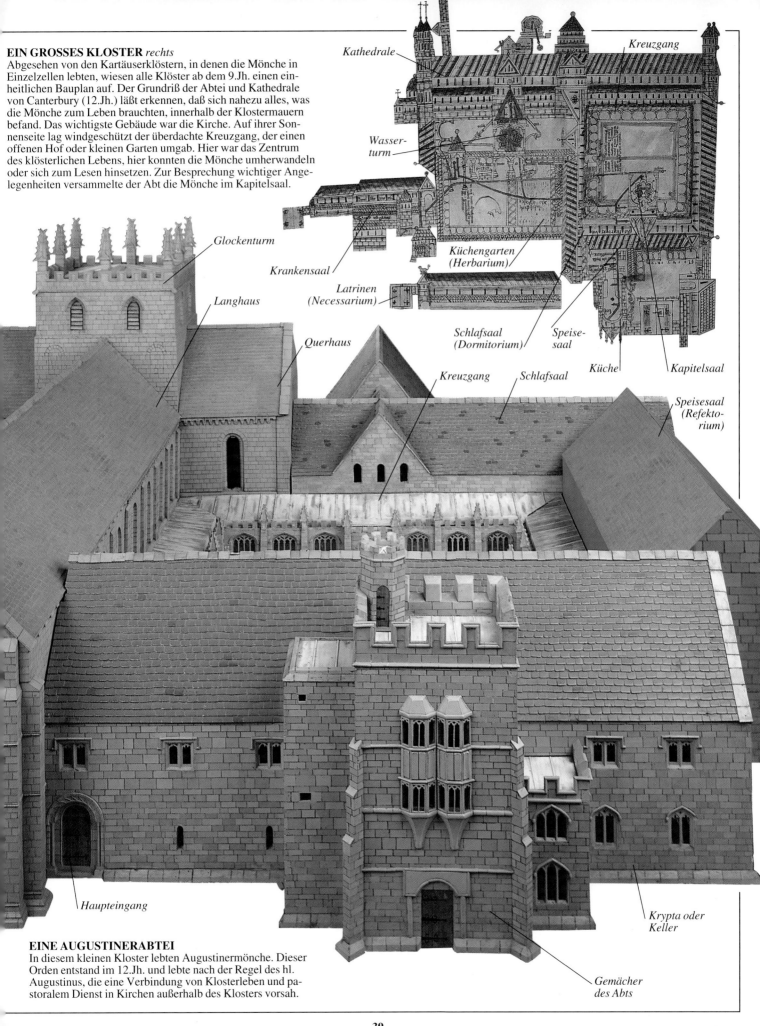

EIN GROSSES KLOSTER *rechts*
Abgesehen von den Kartäuserklöstern, in denen die Mönche in Einzelzellen lebten, wiesen alle Klöster ab dem 9.Jh. einen einheitlichen Bauplan auf. Der Grundriß der Abtei und Kathedrale von Canterbury (12.Jh.) läßt erkennen, daß sich nahezu alles, was die Mönche zum Leben brauchten, innerhalb der Klostermauern befand. Das wichtigste Gebäude war die Kirche. Auf ihrer Sonnenseite lag windgeschützt der überdachte Kreuzgang, der einen offenen Hof oder kleinen Garten umgab. Hier war das Zentrum des klösterlichen Lebens, hier konnten die Mönche umherwandeln oder sich zum Lesen hinsetzen. Zur Besprechung wichtiger Angelegenheiten versammelte der Abt die Mönche im Kapitelsaal.

EINE AUGUSTINERABTEI
In diesem kleinen Kloster lebten Augustinermönche. Dieser Orden entstand im 12.Jh. und lebte nach der Regel des hl. Augustinus, die eine Verbindung von Klosterleben und pastoralem Dienst in Kirchen außerhalb des Klosters vorsah.

Schreiber und Schriften

Bis ins 12. Jahrhundert waren Bücher ausgesprochen selten und fast nur in Klosterbibliotheken zu finden. Alles wurde mit der Hand geschrieben. Viele Mönche verbrachten lange Stunden im „Skriptorium" mit dem Kopieren religiöser Schriften. Für ein so umfangreiches Werk wie die Bibel brauchte ein Mönch etwa ein Jahr. Viele Manuskripte (Handschriften) wurden zur Ehre Gottes zusätzlich mit Ornamenten und Bildern in leuchtenden Farben und Blattgold verziert (illuminiert). Ab dem 13. Jahrhundert fanden Bücher weitere Verbreitung, vor allem seit in Paris und Bologna die ersten Universitäten ihre Tore öffneten. Seitdem fertigten außer den Mönchen auch Berufsschreiber und -illuminatoren Bücher. Oft waren die Handschriften Auftragsarbeiten für reiche Kunden. So kamen beim Adel persönliche Psalmenbücher (Psalter) in Mode.

1 HAFTGRUND Besonders schön und auffällig sind die Anfangsbuchstaben einer jeden Seite bzw. eines neuen Kapitels, die Initialen. Sie waren mit Ornamenten in ausdrucksvollen Farben und oft zusätzlich mit Blattgold verziert. Der erste Schritt zur Illumination einer Initiale ist das Auftragen eines Haftgrundes z.B. aus Gips, Bleiweiß, Wasser, Zucker und Eiweiß.

Das Blattgold haftet nur auf dem feuchten Gipsgrund.

Dreidimensionale Wirkung durch reliefartigen Haftgrundauftrag

Jedes Blättchen wird einzeln poliert.

3 BLANK POLIERT Sobald sich das Blattgold mit dem Haftgrund verbunden hat, poliert es der Illuminator (traditionelles Polierwerkzeug: ein Wolfs- oder Hundezahn mit Holzstiel). Dann werden die Flächen zwischen den Blättern ausgemalt.

SCHREIBER UND SCHOLAREN Wenn die Schreiber auch noch so flink arbeiteten – Bücher blieben rar, und die Gelehrten (hier eine Statue an der Kathedrale von Chartres) mußten von Kloster zu Kloster reisen, um Einsicht in bestimmte Werke nehmen zu können.

2 VERGOLDEN Den Gipsgrund läßt man über Nacht „abbinden". Am nächsten Tag glättet der Illuminator alle rauhen Ränder. Er befeuchtet den Haftgrund durch Anhauchen, legt ein Blatt Gold auf, bedeckt es mit einem Seidentuch und drückt es fest auf den Gipsgrund. Das überschüssige Gold wird mit einem Pinsel aufgenommen.

4 EWIGER GLANZ Die fertige Initiale ist ein kleines Kunstwerk. Neben Blättern und Blumen schmücken oft auch Menschen und Tiere die Buchstaben. Richtig poliert, überdauert der Goldglanz Jahrhunderte.

Brillengestell aus Knochen

DURCHBLICK Im 13. Jh. gab es in Europa die ersten Brillen für Augen, die vom vielen Schreiben geschwächt waren. Mit der Erfindung des Buchdrucks mit beweglichen Lettern (um 1450) wurden Bücher erschwinglicher, und bald stieg die Nachfrage nach Brillen.

Blattranken – eine typische Dekoration der Gotik

Das Vaterunser in Latein (Paternoster)

Feder mit gekürzter Fahne zur besseren Handhabung

Das Tintenfaß paßt in ein Loch im Schreibpult.

Die Hornfibel hing am Gürtel.

Mit der Spitze wurden Linien in das Pergament gepickt.

Stylus Gänsekiele Tintenhörner

DIE ANFANGSGRÜNDE DER BILDUNG
Schulen gab es im Mittelalter fast nur in den Klöstern und Kathedralen. Die Kinder (meist Jungen, die für den Ordensstand vorgesehen waren) lernten lesen und schreiben und verbrachten viel Zeit mit dem Auswendiglernen von Bibelstellen und Gebeten – in lateinischer Sprache. Sie durften in der Schule weder sprechen noch spielen und wurden mit Birkenruten geschlagen, wenn sie nicht aufpaßten.

DIE ERSTEN LEKTIONEN
Mit solchen Hornfibeln lernten Kinder ab etwa 1450 lesen. Eine Hornschicht schützte das Alphabet oder Gebet auf der Tafel vor Schmutzfingern.

Schreibfeder

Krug mit Wein oder Bier zur Erfrischung

Schräges Pult

Gerade Lehne aus Eschenholz

Hornfibeln als Kopiervorlagen

Trinkgefäß

Die Tischplatte läßt sich nach unten klappen.

SCHREIBPLATZ
Ein Schreiber saß oft stundenlang an seinem Platz und schrieb in gestochener Handschrift lateinische Texte ab. Das Pergament lag auf einem abfallenden Schreibpult, so daß die Schreibfeder leichter im rechten Winkel zu führen war (so schrieb sie am besten). In der linken Hand hielt der Schreiber ein Messer, mit dem er Fehler beseitigte und wieder und wieder die Federn anspitzte.

Den zusammengelegten Klapptisch (tabula plicata) kann man an die Wand stellen.

Schnitzverzierungen nur auf der in den Raum weisenden Seite

Ein Kissen machte das lange Sitzen erträglicher.

Gedrechseltes, mit rotbemalten Ringen verziertes Stuhlbein

Heilige und Pilger

Wenigstens einmal im Leben eine Wallfahrt zu einer heiligen Stätte zu machen war der Wunsch der meisten Gläubigen im Mittelalter. Die Gründe für die Wallfahrten waren vielfältig. So zeigte man seine Hingabe an Gott, tat Buße für Sünden oder suchte Heilung von Krankheiten. Die bevorzugten Wallfahrtsorte waren die heiligen Städte Jerusalem und Rom (wo die Apostel Petrus und Paulus begraben sein sollen). Viele Pilger zog es auch zum Grab des hl. Jakobus in Santiago de Compostela in Spanien oder zum Grab des Thomas Becket in der Kathedrale von Canterbury in England. Auf den Wallfahrten reiste arm und reich zusammen, man sang Lieder, spielte auf der Flöte und erzählte sich beim Abendessen in der Taverne Geschichten.

UNTERWEGS
Im Frühmittelalter waren die Pilger mit einem braunen oder grauen wollenen Pilgerkleid, einem breitkrempigen Filzhut (Pilgerhut), einem Pilgerstab und einer Gurde (Pilgerflasche) ausgestattet.

Vorderseite des Reliquiars: ein von Perlen umgebenes Kreuz unter einer Bergkristallscheibe

REISERELIQUIEN
Reliquien (Gebeine von Heiligen) bewahrte man nicht nur in Schreinen auf. Die Menschen trugen sie in Beuteln oder kostbaren Medaillons um den Hals, Ritter im Knauf ihres Schwertes immer bei sich.

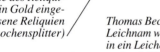

Rückseite des Reliquiars: in Gold eingelassene Reliquien (Knochensplitter)

St. Thomas Becket als Zinnabzeichen

Kleine Weihwasserflasche

Jakobspilgermuschel

SOUVENIRS
Pilger trugen Abzeichen von heiligen Stätten (z.B. Pilgermuscheln aus Santiago de Compostela), um anderen zu zeigen, daß sie eine Wallfahrt gemacht hatten. Abzeichen am Hut zeigten, daß sie sich auf einer Wallfahrt befanden. Sie genossen dann besonderen Schutz.

Christusfigur

Thomas Beckets Leichnam wird in ein Leichentuch gehüllt.

Engel bringen Becket in den Himmel.

Einer der Ritter des Königs enthauptet Becket.

GEBEINE EINES MÄRTYRERS
Dieser Reliquienschrein (12.Jh.) zeigt die Ermordung des Erzbischofs Thomas Bekket (1118–1170) auf Befehl Heinrichs II. in der Kathedrale von Canterbury. Becket wurde heiliggesprochen, und Canterbury entwickelte sich zum Wallfahrtsort.

PILGERDICHTER
Geoffrey Chaucer (1340?–1400) schrieb das wohl bekannteste Buch über Pilger. Die *Canterbury-Geschichten* sind eine Reihe von Geschichten in Versform, die von 30 Pilgern unterschiedlichen Standes auf dem Weg nach Canterbury erzählt werden. Sie geben einen oft satirischen Einblick in das mittelalterliche Leben.

Krone mit Halbedelsteinen

UNSCHEINBARES INNERES
Dieser Kopf aus Holz paßte in den großen Goldkopf und war das eigentliche Behältnis für die Reliquie des hl. Eustachius.

Reiche Pilger zu Pferde

PILGERREISE
Für mittelalterliche Reisende waren Straßenräuber eine ständige Bedrohung. Pilger reisten daher in Gruppen, manchmal mit bewaffneter Eskorte. Auf beliebten Wallfahrtsrouten, z.B. derjenigen nach Santiago de Compostela, ließen die ansässigen Herrscher eigens für die Pilger Straßen und Brücken bauen, und Mönche errichteten im Tagesreisenabstand Herbergen.

HEILIGES HAUPT
Reliquien (Gebeine von Heiligen oder Splitter vom Kreuz Christi) schrieb man die Macht zu, Krankheiten zu heilen oder in einer Schlacht den Sieg zu bringen. Man bewahrte sie in wertvollen Reliquiaren auf und stellte sie in Schreinen aus, zu denen die Gläubigen in Scharen pilgerten. Dieser vergoldete Kopf (13.Jh.) enthielt Reliquien des frühchristlichen Märtyrers Eustachius und war in der Kathedrale von Basel ausgestellt.

Der Kopf besteht aus vergoldetem Silber.

Die islamische Welt

Der Gründer des Islam, der Prophet Mohammed, starb 632. Innerhalb der nächsten 100 Jahre eroberten arabische Armeen ein gewaltiges Reich – von Spanien und Nordafrika bis nach Persien und Indien. In der islamischen Welt blühte der internationale Handel, und mit den Gütern wurde auch der islamische Glaube verbreitet. Islamische Gelehrte waren in Medizin und Mathematik sehr kenntnisreich. Es gab Chirurgen und Augenärzte. Arabische Mathematiker erfanden die Algebra (von arab. *al-gabr*) und führten in Europa das arabische Zahlensystem ein, das wir noch heute benutzen. Die Christen sahen die Moslems als „Ungläubige" an und lernten sie während der Kreuzzüge als schreckliche Feinde kennen. Doch als die Handelsbeziehungen sich festigten, übernahmen sie viel von der seinerzeit sehr fortschrittlichen Kultur des Islam.

REICHE BEUTE
Die reichen Städte der islamischen Welt waren bevorzugte Angriffsziele für plündernde Kreuzfahrer (S.28). 1099 nahmen Kreuzfahrer Jerusalem ein, töteten die Einwohner und raubten die Schätze der Stadt (oben).

Einlegearbeit

Traditionelles arabisches Muster

MOSLEMMUSIK
Die Laute ist wohl das wichtigste Musikinstrument des europäischen Mittelalters. Doch auch sie stammt – wie so vieles – aus der islamischen Welt, und das Wort Laute leitet sich vom arabischen *al-'ud* ab. Viele islamische Herrscher (Kalifen) förderten Wissenschaften und Künste und versammelten Dichter, Musiker, Künstler und Gelehrte an ihrem Hof.

ORIENTIERUNG
Die Moslems waren brillante Astronomen. Sie entwickelten das Astrolabium, mit dessen Hilfe man seinen Standort anhand des Nachthimmels bestimmen kann. So fanden u.a. Kameltreiber ihren Weg durch die Wüste. Die Europäer übernahmen das Instrument für die Seefahrt.

LUXUSGÜTER
Kamelkarawanen transportierten Waren durch die Wüsten und Gebirge der islamischen Welt. Auf den Basaren von Bagdad und Damaskus gab es vielfältige Luxusgüter: Teppiche aus Persien, Elfenbein aus Afrika, Seide, Pelze und Gewürze aus Asien.

HELD EINES HEILIGEN KRIEGES
Sultan Saladin (1137–1193) führte die islamischen Truppen gegen die Kreuzfahrer und eroberte Jerusalem zurück. Selbst seine Feinde respektierten ihn als genialen Heerführer und weisen Herrscher.

MEDIZIN
Selbst während der Kreuzzüge lernten die Europäer sehr viel von den islamischen Ärzten, deren Kenntnisse den ihren weit voraus waren. In Apotheken (Bild) konnte man Medikamente gegen die verschiedensten Krankheiten kaufen. Im 11.Jh. verfaßte der berühmte arabische Arzt Avicenna (980–1037) ein medizinisches Lexikon, das die mittelalterliche Medizin in einzigartiger Weise beeinflußte.

KUNST UND HANDWERK
Die islamischen Handwerker waren u.a. für ihre herrlichen Emailarbeiten berühmt. Meist verzierten sie Kultgegenstände wie diese Moscheelampe (13.Jh.) mit arabischen Schriftzeichen und geometrischen Mustern, denn die islamische Tradition verbietet Darstellungen von Menschen und Tieren in und an religiösen Gebäuden.

Handel

Im frühen Mittelalter zogen Händler durch Dörfer und Städte, um ihre Waren zu verkaufen. Mit zunehmendem Wohlstand und vermehrter Güterproduktion entwickelte sich ab dem 12. Jahrhundert ein Kaufmannsstand. Niedergelassene Kaufleute hatten Angestellte, die ihre Waren transportierten und verteilten. Manche erwarben Schiffe, die sie in alle Welt sandten, um Waren zu kaufen und zu verkaufen. Um 1300 brachten Handelsschiffe aus Genua und Venedig Edelmetalle, Seide und andere Luxusgüter aus dem östlichen Mittelmeerraum nach England und Flandern. Von dort nahmen sie Wolle, Kohle und Bauholz mit. Deutsche und holländische Koggen beförderten Eisen, Kupfer und Blei in den südlichen Mittelmeerraum und kehrten mit Wein, Öl und Salz beladen zurück.

Die Federn wurden vor Gebrauch beschnitten.

Eine Hälfte eines Kerbholzes

KERZENWACHS
Mit solchen kleinen Kerzen schmolz man das Siegelwachs für Briefe und Dokumente.

BUCHFÜHRUNG
Für eine erfolgreiche Geschäftsführung waren Aufzeichnungen der Geschäftsvorgänge unerläßlich. Im 14.Jh. entwickelten Kaufleute in Florenz ein System der doppelten Buchführung. Jeder Handel wurde auf zwei Konten verbucht, einem Soll- und einem Habenkonto.

Horntintenfaß und Schreibfeder

AUF DEM KERB-HOLZ
Schulden verzeichnete man auf einem Kerbholz. Eine Hälfte des gespaltenen Kerbholzes erhielt der Schuldner, die andere der Gläubiger. Kerbhölzer verwendete man auch für den bargeldlosen Verkehr.

FÜRS KLEINGELD
In solchen Gelddosen bewahrten Kaufleute Münzen auf. Die meisten Münzen waren aus Silber; 1252 aber prägte die Stadt Florenz die erste Goldmünze (Gulden) seit der Römerzeit – den Florin.

Dokumentensiegel (14.Jh.)

BESIEGELT
Je komplizierter der Handel wurde, desto aufwendiger gestalteten sich Buchführung und Schriftverkehr. Schreiber setzten Handelsverträge, Rechnungen, Quittungen, Bestellungen, Auftragsbestätigungen und Schuldverschreibungen auf. Diese mußten unterschrieben und mit dem Siegel der beteiligten Kaufleute versehen („besiegelt") werden.

Spätmittelalterlicher Geldbeutelring

RECHENBRETT
Das Rechnen mit Ziffern auf Papier wurde bei den Kaufleuten erst ab dem 15.Jh. üblich. Bis dahin benutzten sie Rechensteine oder -münzen. Diese standen für Mengen und wurden auf den Leisten eines Rechenbretts verschoben, die das Dezimalsystem (Zehnersystem) darstellten (wie die Kugeln beim Abakus).

DIE HANSE
Im 13.Jh. schlossen sich Handelsstädte an der Nord- und Ostseeküste zum Bund der Hanse zusammen (oben: die Hansestadt Hamburg). Mit der Zeit kamen weitere Städte auch im Binnenland dazu, es entstanden Niederlassungen u.a. in London und Nowgorod/Rußland, und die Hanse wurde zu einer einflußreichen Macht.

Geldbörse mit Silberpfennigen

AUSGEWOGEN
Die meisten Kaufleute glichen mit solchen Goldwaagen das Gewicht unterschiedlicher Münzprägungen ab.

Goldwaage

Den Stachel steckte man in die Schreibtischplatte.

Schlüssel für Geldtruhen (14.Jh.)

GELD-GESCHÄFTE
Das Bankwesen entstand im Spätmittelalter in Italien. Die Währungen von Städten wie Venedig, Florenz, Siena und Genua gehörten zu den stabilsten des Abendlandes. Ganz ohne Risiko war das Geschäft nicht. Zwei große Florentiner Banken machten Mitte des 14.Jh.s Bankrott, als der englische König Eduard III. seine Schulden nicht bezahlen konnte.

Leben in der Stadt

Im frühen Mittelalter gehörten die Städte zur Domäne eines Burg- oder Landesherrn, doch mit zunehmendem Wohlstand wuchs auch das Selbstbewußtsein der Kaufleute und Handwerker. Gegen eine bestimmte Summe Geldes und eine jährliche Abgabe ließen sie sich von Königen oder Adligen Freibriefe ausstellen. Dadurch wurde der Stadtbezirk zur Freizone, und alle Einwohner der Stadt wurden zu freien Bürgern, wenn sie dort länger als ein Jahr gelebt hatten. „Stadtluft macht frei", hieß es, und viele Leibeigene flohen deshalb in die Städte. Verwaltet wurde die Stadt von einem Stadtrat, in dem Vertreter der Kaufmannsgilden und später auch der Handwerkerzünfte saßen und an dessen Spitze der Bürgermeister stand.

HÖRT, IHR LEUT'…
Bei Sonnenuntergang läuteten die Abendglocken. Das Abendläuten rief alle auf, ihre Arbeit zu beenden und nach Hause zu gehen. Eine Straßenbeleuchtung gab es nämlich nicht. Um Räuber abzuschrecken, patrouillierten Nachtwächter mit Laternen durch die Straßen.

GESCHÄFTSSTRASSEN
In den Straßen der Städte reihte sich ein Geschäft ans andere. Da kaum jemand lesen konnte, hängten die Ladeninhaber Schilder mit einem Symbol ihres Gewerbes an den Häusern auf, der Bäcker einen Brotlaib, der Barbier (Bildmitte) Rasierschüsseln. In vielen Städten hatten die Handwerker einer Zunft ihre Werkstätten und Läden alle in einer Straße – die Schuhmacher in der Schustergasse, die Böttcher in der Böttcherstraße usw.

Französische Stadt im 15.Jh.

STADTMAUER
Die mittelalterliche Stadt war von dicken Mauern umgeben. Diese boten nicht nur Schutz, sondern sorgten auch dafür, daß Händler und andere Besucher nur durch die Tore in die Stadt gelangen konnten. Dort aber mußten sie Zoll bezahlen. Nachts blieben die Stadttore geschlossen.

DER BÜRGERMEISTER
Die meisten Städte wurden von einem gewählten Bürgermeister und einem Stadtrat regiert. Mächtige Bürgermeister wurden selbst von Adligen und Königen hofiert. Dick Whittington (1358?–1423) kam als Kaufmann zu Reichtum und wurde dreimal nacheinander zum Bürgermeister von London gewählt.

GESCHLECHTERTÜRME
Mächtige Familien wetteiferten um die Macht in den Städten. In Italien bauten sie Verteidigungstürme als Zeichen ihres Reichtums und ihrer Bedeutung. In San Gimignano in der Toskana wurden im 12.Jh. 72 solcher Türme errichtet. Schließlich verboten die meisten Stadtverwaltungen weltliche Bauten, die das Rathaus überragten.

VORSICHT!
Wassereimer und Nachttöpfe wurden in den Städten einfach aus den Fenstern auf die Straße entleert – zwar nicht ohne Warnruf, aber aufpassen mußte man schon, wenn man durch die Straßen ging!

Halbmondförmiges Ledermesser

Dorn zum Stechen von Nahtlöchern

Hakenartiges Ledermesser

OBEN WOHNEN, UNTEN ARBEITEN
Die meisten Handwerker hatten ihre Werkstatt im Erdgeschoß ihrer Häuser und stellten die fertigen Produkte auf einem Brett an der Vorderfront des Hauses aus. Holzläden, mit denen man abends das Geschäft verschloß, konnte man tagsüber als Ladentheke benutzen. Hinter der Werkstatt befand sich meist ein Lagerraum, die Familie wohnte im Obergeschoß. In diesem Haus (15.Jh.) befinden sich zwei Ladengeschäfte. In die Wohnräume gelangt man nur von einem der beiden Läden aus. Vielleicht war die zweite Ladenwerkstatt vermietet.

Im Obergeschoß lebte die Handwerkerfamilie.

Eine Treppe im Hinterhaus führt nach oben.

Sohle aus robustem Rindsleder

Gewachster Leinenfaden

Oberleder aus fester, aber elastischer Ziegenhaut

Der Schuh wird nach der Fertigstellung nach außen gewendet.

HANDWERK
Schuster und andere Handwerker saßen meist so in ihrer Werkstatt, daß Passanten sie bei der Arbeit sehen und ihre Kunstfertigkeit bewundern konnten. Schnabelschuhe (oben drei Stadien der Herstellung) waren im späten 14.Jh. modern und wurden von reichen Bürgern getragen.

SCHMALE STRASSEN
Da in den mittelalterlichen Städten wenig Platz war, wurden die Häuser eng aneinandergebaut. Um möglichst viel Wohnraum zu gewinnen, waren die Obergeschosse oft ausgekragt, d.h. sie ragten über das Untergeschoß hinaus. Oben blieb kaum Abstand zwischen den Häusern, so daß die Gassen düster und stickig waren.

Die Zünfte

Zunftzeichen englischer Waffenschmiede

Im Jahre 1254 führte das Gewerbebuch des Handelsministers von König Ludwig IX. 101 Pariser Zünfte auf. Um 1420 waren die meisten Kaufleute in den Städten in Gilden, die Handwerker in Zünften vereinigt. Selbst Bürger, die kein Handwerk trieben, wie Künstler oder Bettler, mußten sich zu Zünften zusammenschließen (Zunftzwang). Das Recht der Zunft war in den Zunftrollen niedergelegt, die vom Rat der Stadt bestätigt waren. Die Zunft schützte die Handwerker vor Konkurrenz durch Neuankömmlinge und legte die Arbeitslöhne und den Handwerksstandard fest. Bedürftige Mitglieder bzw. deren Familien wurden aus einem gemeinsamen Fond unterstützt. Mit der Zeit wurden die Zünfte zu einem wichtigen politischen Faktor. Sie errichteten prachtvolle Zunfthäuser, führten Wappen und hatten eigene Schutzheilige.

WAFFENSCHMIEDE
In der Zunft der Waffenschmiede waren die Handwerker zusammengeschlossen, die Waffen und Rüstungen fertigten. Um Mailand, im 15.Jh. ein Zentrum dieses Gewerbes, lebten ganze Dörfer davon.

Kettenhaube
Spiralig aufgedrehter Draht
Von der Drahtspirale abgezwickte Ringe
Nieten
Jeder Ring wurde plattgeklopft und zusammengenietet.
Mundschutz

DRAHTNETZ
Die Fertigung eines Kettenhemdes aus Tausenden von Ringen erforderte viel Geschick, Kraft – und Zeit. Jeder Ring wurde mit vier anderen verbunden und sauber genietet.

Kneifzange

FRAUENARBEIT
Obwohl die meisten Zünfte keine Frauen aufnahmen, erlernten viele Frauen ein Handwerk. Die meisten arbeiteten im Betrieb ihres Vaters oder ihres Mannes mit. In England wurde fast die ganze Seide von Frauen gesponnen, eine Zunft aber blieb den Seidenspinnerinnen verwehrt.

Grün: Färberwaidblätter und Färberwau
Blau: Indigo oder Färberwaid
Leuchtendes Rot und Orange: Krapp (Wurzel der Färberröte)
Krappgefärbtes Leinengarn
Braun: Eichenrinde
Gelb: Färberwau (Gelbe Reseda)
Pflanzengefärbte Wolle

MEISTERFÄRBER
Mit der Herstellung von Kleidung waren im Mittelalter viele Zünfte beschäftigt. Es gab u.a. die Weber, die Walker (die Stoffe durch Pressen und Stampfen verfilzten) und die Wollkämmer. Die Färber (rechts) färbten die Stoffe in großen Zubern, in denen die entsprechenden Farbsude erhitzt wurden.

Zunftzeichen englischer Seiler

ZUNFTHAUS
Die reicheren Zünfte hatten Kammern oder Zunfthäuser, die ihr Wappen trugen. Hier trafen sich die Zunftmitglieder zu Banketten und zum Patronatsfest ihres Schutzheiligen, und hier trat das Zunftgericht zusammen, um Streitigkeiten zu schlichten und Verstöße gegen die Zunftregeln zu bestrafen.

Diese Kopfbedeckung entwickelte sich aus einer Kapuze, die verkehrt herum aufgesetzt wurde.

Zeichen einer Bäckerzunft

DER MEISTER
Solch ein edles Gewand trug im 15. Jh. ein mittelständischer Kaufmann oder Handwerksmeister. Die Mitglieder der Kaufmannsgilden waren gewöhnlich die reichsten Männer der Stadt und besaßen im Magistrat, der Stadtregierung, großen Einfluß. Den Zünften wollten sie den Zugang zur Macht verweigern. In Frankreich mußte der König eingreifen, um den Zünften zu größeren Rechten zu verhelfen. Mitglieder der Zünfte waren nur die Handwerks*meister*.

Pelzverbrämte Ärmel

Lederbörse mit Schmucknähten

Persönliches Eßmesser

Blaues Wollwams mit Leinenfutter

DER LANGE WEG ZUM MEISTER
Ein Lehrling mußte ein hohes Lehrgeld bezahlen, um überhaupt angenommen zu werden. Die Lehrzeit dauerte je nach Gewerbe zwei bis sieben Jahre. Wenn er sein Gesellenstück vorweisen konnte, wurde der Lehrling Geselle. Dann mußte er auf Wanderschaft gehen und seine Kenntnisse als reisender Handwerksbursche vervollkommnen. Konnte er ein Meisterstück vorweisen und die entsprechenden Gebühren bezahlen, wurde der Geselle eines Tages Meister.

Nach 1450 wurde der Hosenbeutel modern.

Der verschwenderische Stoffverbrauch für den Überrock aus feinem Wollstoff ist ein Zeichen von Wohlstand.

Kostbare wadenhohe Lederstiefel

Die Strumpfhose ist maßgeschneidert.

Zeichen einer Schusterzunft

Steinmetzen und Maurer

Die angesehensten und bestbezahlten Handwerker des Mittelalters waren die Bauhandwerker. Sie errichteten die großen Kathedralen und Burgen, die noch heute viele Städte prägen. Ehe sich die einzelnen Handwerke (Maurer, Dachdecker, Steinmetzen, Zimmerleute) im 14. Jahrhundert in Zünften zusammenschlossen (S.50–51), waren alle Bauhandwerker in Bauhütten organisiert. Die an eine bestimmte Hüttenordnung gebundenen Mitglieder waren zur Geheimhaltung der Kunstregeln verpflichtet und im Gegensatz zu Zunftangehörigen frei von Verpflichtungen gegenüber der Gemeinde. Steinmetzen und Maurer lernten ihr Handwerk auf der Baustelle. Die Lehrzeit dauerte bis zu sieben Jahre. Talentierte Gesellen konnten es bis zum Baumeister bringen und dann möglicherweise sogar die Oberaufsicht beim Bau einer Kathedrale führen.

Dieser Arm liegt oben auf dem Stein auf.

Metalllineal zur Profilmessung

STELLWINKEL
Jeder Stein mußte paßgenau behauen werden. Solch ein verstellbares Winkelmaß benutzte man, um rechte Winkel zu erlangen und die Tiefe von Zapflöchern abzumessen.

STREICHMASS
Vor dem Behauen zeichnete der Steinmetz die späteren Umrisse auf den Stein. Rundungen markierte er mit solch einem Streichmaß. Der Holzgriff wurde fest an die Steinkante gepreßt, dann mit dem Nagel ein Halbkreis eingeritzt.

WINKEL
Eines der wichtigsten Werkzeuge war der Winkel. Er stellte sicher, daß Kanten und Wände gerade waren.

Mit der Spitze lassen sich Linien in Stein ritzen.

Breiteisen für saubere Brüche

STEINHAUEN
Jeder Stein einer Kathedrale kostete etwa einen Tag Arbeit. Da die Steine schwer zu transportieren waren, erhielten sie schon im Steinbruch ihre ungefähre Größe. Auf der Baustelle wurde der Block dann mit einer Steinsäge bearbeitet. Mit Beilen und verschiedenen Meißeln (rechts), die mit einem Hammer geschlagen wurden, schlug der Steinhauer dann Brocken ab, bis der Stein gerade Kanten hatte.

Der Kopf ist durch viele Hammerschläge abgenutzt.

Zwei Meißel

Spitze zum Absprengen größerer Steinstücke

HAMMER
Mit einem schweren Hammer (Fäustel) schlug der Steinmetz die verschiedenen Meißel. Je weicher der Stein war, desto schwerere Hammer benutzte man.

Mittelalterlicher Stechzirkel

ABGEZIRKELT
Mit einem Stechzirkel übertrug der Baumeister den Bauplan von einer kleinen Werkzeichnung auf die natürliche Größe. Der Stechzirkel wurde zum Zeichen der Steinmetzen.

Vorlage für Bogenschenkel im Querschnitt

Papiervorlage für ein Stück Fenstermaßwerk

Ansatz des nächsten Steins

NACH PLAN
Für jeden Stein wurden „Schnittmuster" aus Leder oder Pergament angefertigt und damit die Umrisse auf den Stein übertragen.

Heute zeichnen Steinmetzen mit Bleistift vor.

AUFGEZEICHNET
Der Steinmetz wählte einen glatten Steinquader aus, legte die Vorlage auf und übertrug die Linien durch Ritzen oder Nachzeichnen der Linien auf den Stein.

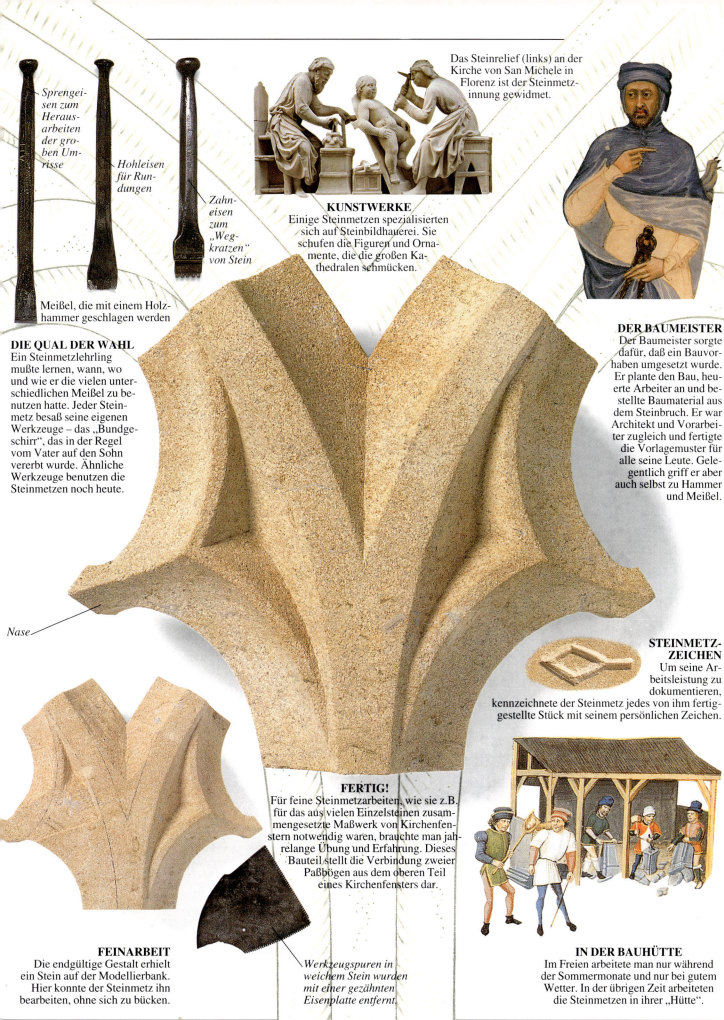

Sprengeisen zum Herausarbeiten der groben Umrisse

Hohleisen für Rundungen

Zahneisen zum „Wegkratzen" von Stein

Meißel, die mit einem Holzhammer geschlagen werden

KUNSTWERKE
Einige Steinmetzen spezialisierten sich auf Steinbildhauerei. Sie schufen die Figuren und Ornamente, die die großen Kathedralen schmücken.

Das Steinrelief (links) an der Kirche von San Michele in Florenz ist der Steinmetzinnung gewidmet.

DIE QUAL DER WAHL
Ein Steinmetzlehrling mußte lernen, wann, wo und wie er die vielen unterschiedlichen Meißel zu benutzen hatte. Jeder Steinmetz besaß seine eigenen Werkzeuge – das „Bundgeschirr", das in der Regel vom Vater auf den Sohn vererbt wurde. Ähnliche Werkzeuge benutzen die Steinmetzen noch heute.

Nase

DER BAUMEISTER
Der Baumeister sorgte dafür, daß ein Bauvorhaben umgesetzt wurde. Er plante den Bau, heuerte Arbeiter an und bestellte Baumaterial aus dem Steinbruch. Er war Architekt und Vorarbeiter zugleich und fertigte die Vorlagemuster für alle seine Leute. Gelegentlich griff er aber auch selbst zu Hammer und Meißel.

STEINMETZ-ZEICHEN
Um seine Arbeitsleistung zu dokumentieren, kennzeichnete der Steinmetz jedes von ihm fertiggestellte Stück mit seinem persönlichen Zeichen.

FERTIG!
Für feine Steinmetzarbeiten, wie sie z.B. für das aus vielen Einzelsteinen zusammengesetzte Maßwerk von Kirchenfenstern notwendig waren, brauchte man jahrelange Übung und Erfahrung. Dieses Bauteil stellt die Verbindung zweier Paßbögen aus dem oberen Teil eines Kirchenfensters dar.

FEINARBEIT
Die endgültige Gestalt erhielt ein Stein auf der Modellierbank. Hier konnte der Steinmetz ihn bearbeiten, ohne sich zu bücken.

Werkzeugspuren in weichem Stein wurden mit einer gezähnten Eisenplatte entfernt.

IN DER BAUHÜTTE
Im Freien arbeitete man nur während der Sommermonate und nur bei gutem Wetter. In der übrigen Zeit arbeiteten die Steinmetzen in ihrer „Hütte".

Märkte und Feste

Bauern wie Städter freuten sich auf die Festlichkeiten und Märkte an den besonderen Tagen im Jahr. An Feiertagen wie Weihnachten und Ostern ließ jeder die Arbeit ruhen, um an feierlichen Gottesdiensten teilzunehmen und sich an Festessen zu laben. Weitere wichtige Feste im Jahreslauf waren die Maifeiern, Fronleichnam, Mittsommernacht und Erntedank. Handelsmessen und Märkte, die oft an Heiligengedenktagen abgehalten wurden, waren ebenfalls Anlaß zum Feiern. Bei solchen Gelegenheiten kamen Kaufleute aus ganz Europa zusammen, um ihre Waren zu verkaufen. Musikanten, Akrobaten und Schauspieler sorgten für Unterhaltung.

WÜRFEL
Die Kirche verdammte das Glücksspiel zwar als Sünde, dennoch waren Würfelspiele sowie Wetten bei Ring- und Hahnenkämpfen und bei der Bärenhatz beliebt und weit verbreitet.

NARRENFEST
Vor allem in Klosterschulen feierten die Kinder das Narrenfest, bei dem ein Knabe zum „Bischof" gewählt wurde. Als „Narrenpapst" verkleidet, führte er die Narrengemeinde zu einer Gottesdienstparodie in die Kirche.

BALANCEAKT
Akrobaten, Jongleure und Tanzbären waren Attraktionen auf Märkten und Festen.

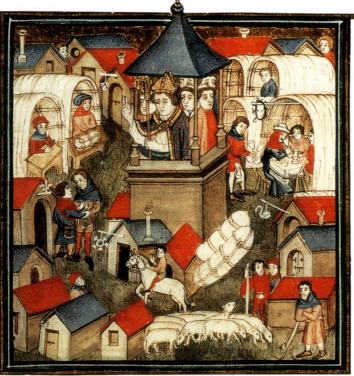

JAHRMARKT
1109 erwarb die Kathedrale Notre-Dame in Paris einen Splitter des „wahren Kreuzes Jesu Christi". Daraufhin kamen alljährlich im Juni, wenn die Reliquie den Gläubigen gezeigt wurde, Tausende von Pilgern in die Stadt. In den Straßen um die Kirche bauten Händler ihre Stände auf, und bald war aus dem Kreuzverehrungstag ein großer Jahrmarkt geworden. Auf dem Bild gibt der Bischof dazu seinen Segen.

KÖSTLICHKEITEN
Auf den Jahrmärkten wurden vielfältige Speisen und Leckereien angeboten. Beliebt waren u.a. solche Fleischpasteten (Jahrmarktskuchen).

IN DER SCHENKE
Für viele Menschen waren die Jahrmärkte Anlässe, viel zu essen und zu trinken. Die Schankwirte machten guten Umsatz. In dieser Schenke in Genua sieht man im Keller Fässer mit rotem und weißem Wein, der zechenden Kaufleuten im Raum darüber gereicht wird.

Segeltuchdach

Hier stehen Trippen, die man unter Lederschuhe schnallte (S.23), zum Verkauf.

AUF DEM MARKT
Neben den großen Jahrmärkten gab es in den meisten größeren Städten Wochenmärkte, die von fliegenden Händlern, ortsansässigen Kaufleuten und Viehhändlern beschickt wurden. An den Ständen konnte man die verschiedensten Dinge kaufen – von Käse, Eiern und Salz über Töpfe, Pfannen und Messer bis zu Schuhen und Stoffen. Diese Nachbildung eines mittelalterlichen Marktstandes zeigt Lederwaren, wie man sie im 14./15.Jh. kaufen konnte.

Große Rolle Rindsleder für Schuhsohlen (S.49)

Das Holzgestell ließ sich für den Transport zusammenklappen.

Bierbehälter aus Leder (S.11)

Lederhumpen

Gefärbtes Ziegenleder für Schuhe

Hölzerne Schusterleisten

Lederflasche

Gebrauchte Schuhe wurden zum Flicken gebracht.

Beim Zuschneiden angefallene Lederreste

Musik

Im Mittelalter hörten die meisten Menschen nur in der Kirche Musik. Eine Orgel besaßen zwar nur wenige Gotteshäuser, doch hallte der einstimmige Sprechgesang der Mönche und Priester durch die hohen Kirchenschiffe. Diese Form des Kirchengesangs nennt man Gregorianischer Choral (nach Papst Gregor, gestorben 604). An den Höfen der Könige und Fürsten begleiteten die Troubadoure (S.26) ihren Gesang, mit dem sie die Gäste u.a. bei Banketten unterhielten, meist mit Harfen- und Lautenklängen. Das einfache Volk sang bei Festen Volkslieder und tanzte zur Musik von Flöten und Trommeln. Um 1400 gab es in den meisten Städten Berufsmusiker, die bei Prozessionen auf Schalmeien (S.58) und Trompeten bliesen.

TANZBÄR
Manche Musikanten richteten Bären ab, die zur Musik von Flöte und Tamburin einen tapsigen Tanz aufführten. Bären waren beliebt dafür, weil sie wie Menschen auf zwei Beinen tanzen können.

NACAIRE *links*
Kreuzfahrer brachten die Nacaire (von arab. *naqqarat*) aus dem Nahen Osten nach Europa mit. Diese kleine Handpauke fand schnell Einzug in die europäische Tanzmusik. Der Trommler trug immer zwei Nacairen an seinem Gürtel (unten) und schlug sie mit Holzschlegeln.

Trommler

Drehleierspieler

Das Instrument wird durch Drehen der Kurbel gespielt.

Wenn das Rad sich dreht, werden die Saiten angerissen.

FIDEL
Im Frankreich des 13.Jh.s begleiteten sich viele Troubadoure auf der Fidel. Sie war größer als eine Geige und ruhte beim Spielen auf dem Schoß. Die abgebildete Fidel hat eine Melodiesaite, deren Tonhöhe man durch Greifen auf dem Griffbrett verändern konnte, und vier Brummsaiten.

DREHLEIER
Die früheste europäische Darstellung einer Drehleier findet sich in Spanien: Eine Portalplastik an S. Domingo zu Soria (1150) zeigt ein Instrument, das so groß ist, daß es von zwei Spielern bedient wird. Solche großen Drehleiern nannte man im 11. bis 13.Jh. *organistrum*. Ab dem 12.Jh. gab es auch kleinere Radleiern (*symphonia*, Abb.), die ein einziger Spieler bedienen konnte.

Radabdeckung

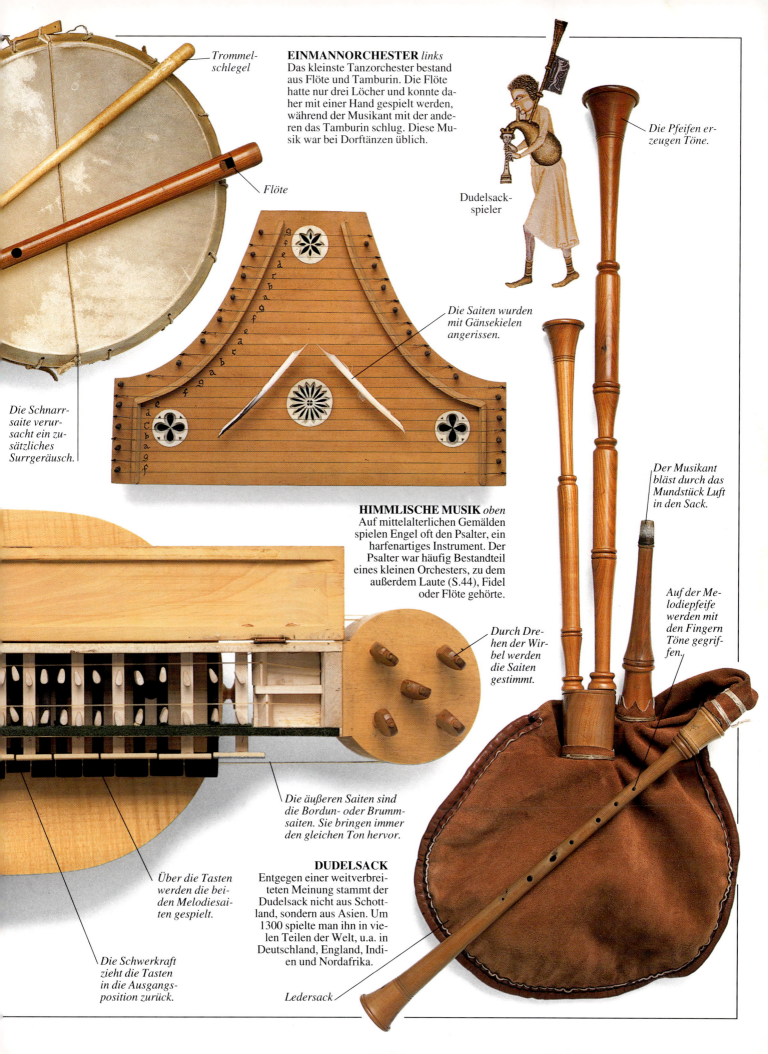

Trommelschlegel

EINMANNORCHESTER *links*
Das kleinste Tanzorchester bestand aus Flöte und Tamburin. Die Flöte hatte nur drei Löcher und konnte daher mit einer Hand gespielt werden, während der Musikant mit der anderen das Tamburin schlug. Diese Musik war bei Dorftänzen üblich.

Die Pfeifen erzeugen Töne.

Flöte

Dudelsackspieler

Die Saiten wurden mit Gänsekielen angerissen.

Die Schnarrsaite verursacht ein zusätzliches Surrgeräusch.

HIMMLISCHE MUSIK *oben*
Auf mittelalterlichen Gemälden spielen Engel oft den Psalter, ein harfenartiges Instrument. Der Psalter war häufig Bestandteil eines kleinen Orchesters, zu dem außerdem Laute (S.44), Fidel oder Flöte gehörte.

Der Musikant bläst durch das Mundstück Luft in den Sack.

Durch Drehen der Wirbel werden die Saiten gestimmt.

Auf der Melodiepfeife werden mit den Fingern Töne gegriffen.

Die äußeren Saiten sind die Bordun- oder Brummsaiten. Sie bringen immer den gleichen Ton hervor.

DUDELSACK
Entgegen einer weitverbreiteten Meinung stammt der Dudelsack nicht aus Schottland, sondern aus Asien. Um 1300 spielte man ihn in vielen Teilen der Welt, u.a. in Deutschland, England, Indien und Nordafrika.

Über die Tasten werden die beiden Melodiesaiten gespielt.

Die Schwerkraft zieht die Tasten in die Ausgangsposition zurück.

Ledersack

Schauspiele

Das mittelalterliche Schauspiel hat seinen Ursprung in der Kirche. Im 11. Jahrhundert begannen die Pfarrer mancherorts, an Feiertagen wie Weihnachten und Ostern sog. Mysterienspiele in den Gottesdiensten aufführen zu lassen. Thema dieser Darbietungen waren Geschichten aus der Bibel, z.B. der Sündenfall, die Rettung Noahs vor der Sintflut, oder wie Simson den heidnischen Tempel zum Einsturz bringt. Die Gläubigen waren von dieser neuen Form der Unterhaltung so begeistert, daß solche Szenen für die Menge auf dem Kirchplatz vor den Kirchenportalen und später auf Bühnen in den städtischen Markthallen aufgeführt wurden. Im 13. Jahrhundert gab es ganze Mysterienzyklen, die 40 Tage dauerten und die ganze Jesusgeschichte darstellten. In England, Frankreich, Italien und Deutschland führten die Gilden (S.50) die Mysterienzyklen auf.

MASKERADE
Bei besonderen Gelegenheiten führten maskierte Schauspieler kurze Volksstücke mit dramatischen Schwertkämpfen auf. Zum Schluß trat meist ein Arzt auf, der die Toten wieder zum Leben erweckte. Auf dieser Darstellung eines Maskenspiels sieht man Pferdekopf- und Teufelsmasken, Trommeln und Glocken, und die Schauspieler tanzen.

WILDE MÄNNER
Im mittelalterlichen, christlichen Europa lebten viele heidnische Bräuche fort, so auch der Tanz der mit Blattwerk verkleideten „wilden Waldmänner", der die ungebändigten Kräfte der Natur versinnbildlichte und im Allgäu noch heute als „Wilde-Männle-Tanz" existiert. Auf diesem Bild (oben) haben die „wilden Männer" Feuer gefangen.

Wenn man im Maul des Drachen etwas Schießpulver zündet, spuckt er Feuer und Rauch.

FESTFANFARE
Die Schalmei, ein Rohrblattinstrument mit durchdringendem Ton, wurde bei Umzügen und Festen gespielt.

GRIMASSEN
1230 beklagt sich ein Priester über die unverschämten Gesten und Gesichtsausdrücke einiger Schauspieler. Dieser steinerne Kopf zeigt einen Hofnarren oder Spaßmacher, der zur Erheiterung der Zuschauer Grimassen schneidet. Narren unterhielten ihr Publikum auch mit derben Witzen in Wort und Pantomime.

DEN TEUFEL SPIELEN
Wie die Buntglasfenster in den Kirchen (S. 34–35) waren auch die Mysterienspiele ein Mittel, den einfachen Leuten, die weder lesen noch schreiben konnten, die Bibel näherzubringen. In dieser Szene sieht man, wie der Teufel Jesus in der Wüste in Versuchung führt. Die einzelnen Szenen eines Mysterienspiels wurden auf Wagen gespielt, die durch die ganze Stadt gezogen wurden. Wer lange genug an einem Platz ausharrte, konnte die ganze Geschichte an sich vorüberziehen sehen.

Der Drachenkopf ist aus Holz geschnitzt und farbig lackiert.

DRACHE
Dieser hölzerne Drachenkopf gehörte zu einem Drachenkostüm, das beim jährlichen Umzug anläßlich des Patronatsfestes des hl. Georgs in der englischen Stadt Norwich benutzt wurde. Das Drachenmaul konnte nach Passanten schnappen. Dafür sorgte ein Mann im Inneren des Kostüms aus Korbgeflecht. Drachen spielten auch andernorts eine Rolle. Immer kämpften sie mit St. Georg, dem Drachentöter.

Am Hinterkopf wurde eine lange Holzstange befestigt, mit deren Hilfe der Kopf bewegt werden konnte.

Der Unterkiefer konnte hochgezogen werden und machte dabei Schnappgeräusche.

Krankheit und Tod

Der Tod war für die Menschen im Mittelalter allgegenwärtig. Das medizinische Wissen war gering, und die durchschnittliche Lebenserwartung lag bei etwa 30 Jahren. Zahlreiche Kriege und Hungersnöte dezimierten die Bevölkerung, und die schmutzigen, überfüllten Straßen der Städte waren Brutstätten von Krankheiten. Der größte Schrecken des Mittelalters aber war die Pest, der Schwarze Tod. Schwarze eitrige Schwellungen kennzeichneten die Beulenpest, schwarzblutiger Auswurf die Lungenpest. Ein Heilmittel gab es nicht. Italienische Seefahrer schleppten die Seuche mit flohbefallenen Ratten aus Asien ein. Die Flöhe sprangen auf Menschen über und infizierten sie mit den Pesterregern. Zwischen 1347 und 1350 fegte die Pest über Europa hinweg. Bis Ende des Jahres 1348 hatte sie bereits über ein Drittel der Bevölkerung des Abendlandes hinweggerafft.

MUTTERKRAUT wurde gegen Kopfschmerzen eingesetzt und sollte die Geburt erleichtern.

MAJORAN Mit Majoran machte man Breiumschläge gegen Blutergüsse und Schwellungen.

ZITRONENMELISSE Zitronenmelisse galt als magisches Kraut gegen schwere Krankheiten. Man setzte den schweißtreibenden Sud auch bei Fieber ein.

LUNGENKRAUT Weil die Form der Blätter an Lungenflügel erinnert, behandelte man mit dieser Pflanze Brustleiden.

KRÄUTERMEDIZIN
Die mittelalterliche Medizin beruhte mehr auf Volks- und Aberglauben als auf wissenschaftlichen Erkenntnissen. So empfahlen viele Handbücher, die Kräuter zu bestimmten magischen Zeiten des Jahres zu pflücken, z.B. in der Mittsommernacht. Viele der Kräuter haben allerdings tatsächlich wirksame Inhaltsstoffe und finden noch heute Verwendung.

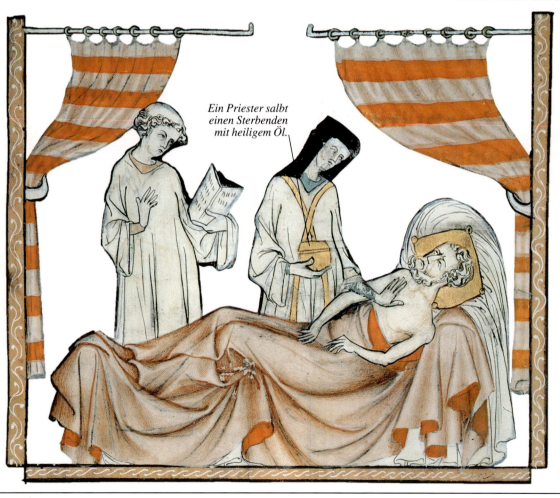

Ein Priester salbt einen Sterbenden mit heiligem Öl.

BEIM ARZT
Eine übliche Behandlungsmethode war der Aderlaß (oben), den ungebildete Bader vornahmen. Man glaubte, so könne der Körper die Lebenssäfte regenerieren. Tatsächlich führte der Aderlaß meist zu gefährlicher Schwächung.

LETZTE ÖLUNG
Die Menschen versuchten, vor dem Tod ihr Leben ins Reine zu bringen. Wer ohne Beichte starb, galt als der Hölle ausgeliefert. Die Pest raffte jedoch so viele Priester hinweg, daß viele Tote ganz ohne kirchlichen Beistand sterben und ohne kirchliche Zeremonie begraben werden mußten.

Medizinische Präparate wurden oft in Schafhörnern aufbewahrt.

Schmirgelndes Zahnpulver

Leinenpfropf für den Hornbehälter

WERMUT
„Wurmkraut" nahm man gegen Eingeweidewürmer und gegen Flöhe ein.

Wellhornschnecken-Gehäuse

ZAHNSCHMERZEN
Im Mittelalter gab es noch keine Schmerz- und Betäubungsmittel, so daß das Zähneziehen eine Tortur war. Die Zahnbehandlung übernahmen Bader auf den Jahrmärkten.

Austernschale

Tintenfischschulp

ZAHNPFLEGE
Zutaten wie die oben abgebildeten wurden zu einem Pulver zerstoßen, das wohlhabende Leute – ausschließlich aus kosmetischen Gründen – zum Zähneputzen benutzten. Von der Notwendigkeit der Zahnhygiene wußte man damals nichts. Schlechten Atem verbesserte man mit Honig und Koriander oder Kümmel.

PESTGRÄBER
Auf dem Höhepunkt der Pestepidemie mußten die Menschen ihre Toten in Massengräbern bestatten. Es gab nicht genug Särge, so daß die Pestopfer mit einfachen Bleikreuzen versehen zu Grabe getragen wurden.

Das Skelett tanzt zu Flöte und Tamburin.

TOTENTANZ
„Der Tod macht keine Unterschiede", war die Aussage des makabren Totentanzes. Als Skelett verkleidete Männer tanzten mit Schauspielern, die Menschen aus allen Gesellschaftsschichten darstellten. Totentanzmotive weisen auch viele kirchliche Skulpturen, Bilder und Manuskripte auf.

Der Tod nimmt einen angsterfüllten Mönch mit.

ANGST VOR DER PEST
Die Pest brachte Tod, Trauer und Furcht. Viele hielten die Seuche für eine Strafe Gottes oder gar für das Ende der Welt, und in den Kirchen wurden besondere Bitt- und Bußgottesdienste abgehalten.

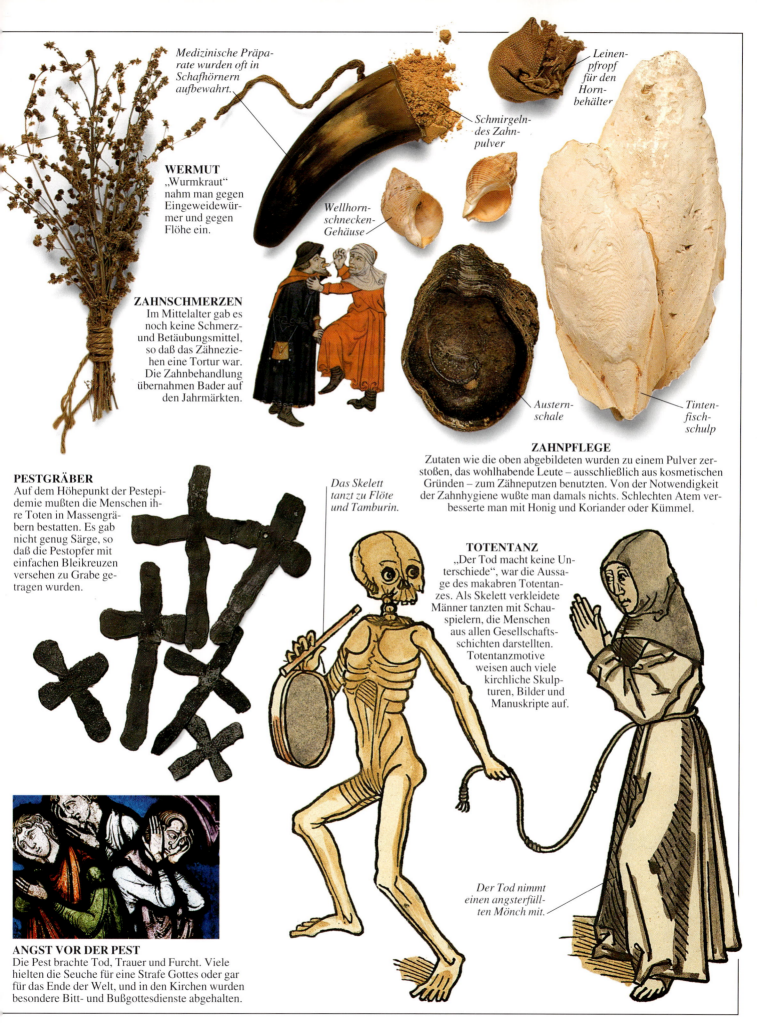

Geburt eines neuen Zeitalters

Im 15. Jahrhundert kam es, von Italien ausgehend, zu einem Wiederaufleben des Interesses an den Wissenschaften und Künsten. Das französische Wort für „Wiedergeburt", Renaissance, gab dieser kulturellen Bewegung den Namen. Man besann sich auf die Werke der antiken Gelehrten und Philosophen. Das Studium dieser Schriften brachte Künstler und Gelehrte zu einer Abkehr von der streng religiösen Sicht des Lebens und führte zu einer stärkeren Konzentration auf den Menschen (Humanismus). Die Maler und Bildhauer der Renaissance entdeckten die Schönheit des menschlichen Körpers. Die Dichter schrieben über Gefühle und Erfahrungen von Menschen. Die neuen Ideen stellten auch das von der Kirche geprägte Weltbild in Frage, und es wurden Stimmen laut, die kirchliche Mißstände (S.30–31) anprangerten. Ihr Protest trug den Reformern den Namen Protestanten ein. Die von Deutschland ausgehende religiöse Gegenbewegung ging als Reformation (von lat. *reformatio* = Erneuerung) in die Geschichte ein und brach die Vormachtstellung der katholischen Kirche.

REFORMATOR
Die zentrale Figur der Reformation war der thüringische Augustinerpater Martin Luther (1483–1546). Am 31. Oktober 1517 veröffentlichte er in Wittenberg 95 Thesen über den Ablaß (S.30), die zu heftigen Diskussionen und schließlich zur Spaltung der Kirche führten.

Handgemalte Verzierung

Die gotischen Lettern ahmen Schreibschrift nach.

DAS GEDRUCKTE WORT
Johannes Gutenberg (1398?–1468) aus Mainz erfand den Buchdruck mit beweglichen Lettern und druckte um 1455 die Gutenbergbibel (oben) in einer Auflage von 100 bis 200 Stück. Mit der Weiterentwicklung der Drucktechnik wurden Bücher billiger und konnten in größerer Zahl und Auflage hergestellt werden.

MÄZEN DER MALER
Florenz war das Zentrum der künstlerischen Renaissance. Das war nicht zuletzt das Verdienst von Lorenzo de' Medici („il Magnifico", 1449–1492). Er förderte mit seinem Vermögen Künstler wie Botticelli und Michelangelo (S.7).

NEUE SCHULEN
Bis zur Renaissance gab es praktisch nur kirchliche Schulen. Nun aber gründeten reiche Kaufleute und Adlige Privatschulen. Der Buchdruck und die damit einhergehende größere Verbreitung von Büchern förderte diese Entwicklung.

DER FALL VON KONSTANTINOPEL
Das Mittelalter endete, wie es begonnen hatte: mit dem Vordringen von Eroberern aus dem Osten. Diesmal waren es osmanische Türken. 1453 nahmen sie nach langer Belagerung Konstantinopel ein, das nun zur Moslemstadt Istanbul wurde. Damit endete das tausendjährige christliche Reich von Byzanz (S.6).

UNIVERSALGENIE
Leonardo da Vinci (1452–1519) war ein genialer Maler und Bildhauer, beschäftigte sich aber auch mit den Natur- und Ingenieurwissenschaften sowie der Architektur. Sein bekanntestes Gemälde ist wohl die *Mona Lisa*, doch er fertigte auch zahlreiche anatomische Zeichnungen und Skizzen für Erfindungen wie diese Flugmaschine (links).

NEUE FEUERKRAFT
Die Erfindung von Schußwaffen veränderte Mitte des 14.Jh.s die Kriegführung entscheidend. Kanonen konnten Burgmauern zum Einsturz bringen und Gewehrkugeln eiserne Rüstungen durchdringen. Das war das Ende der mittelalterlichen Ritter.

DIE GROSSEN SEEFAHRER
Im 15.Jh. begaben sich Europäer auf Entdeckungsreisen zur Erkundung neuer Seewege nach Asien. Seit etwa 1420 segelten Portugiesen in solchen Karavellen die afrikanische Westküste entlang. 1488 umschiffte Bartolomëu Diaz das Kap der Guten Hoffnung und gelangte in den Indischen Ozean. 1498 erreichte Vasco da Gama auf diesem Weg Indien. Bereits 1492 hatte Christoph Kolumbus den Atlantik überquert und Amerika der spanischen Krone unterstellt.

Register

A, B

Abendläuten 48
Ablaß 30, 62
Äbte 38
Abteien 38
Äbtissinnen 22, 38
Akrobaten 20, 54
Alfred der Große, König der Angelsachsen 6
Armeen 9, 22, 24
Astronomie 45
Augustiner 39, 62
Avicenna 45
Bankwesen 6, 47
Banner 24
Bauern 7, 8, 10–13, 18, 19, 28
Bauernaufstand 10
Baumeister 52–53
Benediktiner 36–38
Bibel 30, 40, 58, 59, 62
Bildung 30, 41, 62
Bischöfe 6–9, 31, 54
Bischofsstab 7
Botticelli, Sandro 62
Brille 40
Brot 15, 18, 20, 21, 30
Buchdruck 40, 62
Bücher 40, 41, 62
Buchmalerei 40
Buntglas 34–35, 53
Burgen 6, 14, 19, 22, 25, 26, 52, 63
Bürgermeister 48
Byzantinisches Reich 6, 63
Byzanz 34, 62

C, D

Cluniazenser 36
Cluny 36
Deutschland 6–9, 24, 25, 35, 46, 57, 58, 62
Diaz, Bartolomëu 63
Diözese 9, 31
Domäne 14, 48
Dörfer 10, 11, 14, 15, 46
Drehleier 56
Dreifelderwirtschaft 12
Dudelsack 57

E, F

Eduard I., König von England 27
Eduard III., König von England 47
Eintopf 18, 21, 28
England 6–11, 19, 23, 24, 26, 27, 28, 38, 42, 46, 50, 57, 58
Ernte 12–14
Erntedank 14, 54
Erzbischof 8, 10, 30
Eucharistiefeier 30
Evangeliar von Kells 6
Fasttage 18
Feiertage 14, 54, 58, 62
Fenster 16, 17, 33
Feste 14, 21, 26
Festtage 54, 59
Feudalsystem 7, 8–9
Fidel 56
Flechtwerk mit Lehmschlag 11, 16, 19
Flöten 10, 56, 57, 61
Franken 6
Frankreich 6–10, 14, 22–26, 28, 29, 31, 33, 36, 37, 48, 50, 51, 56, 58, 62
Franziskaner 37
Frauen 22–23, 38, 39, 46, 47, 48, 50
Frauenklöster 22
Friedrich I., Kaiser 7
Friedrich II., Kaiser 26
Fron 14, 15
Frühhette 38
Frühmittelalter 6, 28, 42, 46, 48

G, H

Gama, Vasco da 63
Geschäfte 48
Geschlechtertürme 48
Gesellen 51
Gilden 48, 50–52, 58
Glasmalerei 34–35
Glücksspiel 54
Goten 6
Gotik 32–33, 42
Gutenberg, Johannes 62
Gutenbergbibel 62
Gutsverwalter 15, 17
Handel 6, 7, 44–47
Händler, fliegende 14, 46, 55
Handwerker 48, 49, 51
Hanse 7, 47
Harfe 26, 56
Häuser 11, 16–17
Abort 16
Auskragung 49
Bauernkate 11, 16
Fliesen 19
Großer Saal 14, 20–21
Gutshaus/Fronhof 14, 19
Heilige 6, 22, 34, 36, 37, 42, 43, 54, 59
Augustinus 39
Beda 36
Benedikt von Nursia 36, 37
Bernhard von Clairvaux 36
Eustachius 43
Franz von Assisi 37
Georg, der Drachentöter 59
Jakobus, Apostel 42
Johanna von Orleans 22
Klara 37
Paulus 42
Petrus 42
Thomas Becket 42
Heiliges Land 7, 28
Heiliges Römisches Reich 6
Heinrich II., König von England 42
Heinrich III., König von England 24
Heinrich IV., König von England 24
Heinrich VIII., König von England 7
Hochmittelalter 6–7
Höflinge 27
Hofmeister 14
Hörige 10
Hornfibel 41
Hundertjähriger Krieg 7, 28
Hungersnot 60
Hüte 11, 15, 23, 37, 51

I, J, K

Illuminationen s. Buchmalerei
Inquisition 7, 31
Islam 44, 45
Istanbul 63
Italien 6–7, 25, 31, 35, 36, 37, 47, 48, 58, 60, 62
Jagd 15, 19
Jahrmärkte 54
Jerusalem 7, 28, 42, 44, 45
Johann, König von England 19, 25
Jongleure 54
Justinian I., oströmischer Kaiser 6
Kanonen 63
Karl der Große 6, 35
Kartäuser 36, 39
Katharer 31
Kathedralen (Dome) 6, 7, 32–34, 41, 52, 63
Basel 43
Bau 32–33
Beauvais 33
Canterbury 38, 39, 42
Chartres 35, 40
gotische 33
Notre-Dame/Paris 54
Reims 32
Santiago de Compostela 42, 43
Siena 35
Kaufleute 16–18, 46, 47, 51, 54, 55, 62
Kerbholz 46
Ketzer 31
Kirche 13–16, 18, 20, 30–32, 34, 58, 59, 61, 62
Klarissen 37
Kleidung 11, 15, 23, 28–29, 37, 51
Klöster 6, 7, 9, 22, 38, 41
Kolumbus, Christoph 63
Konstantinopel 6, 63 (s. auch Byzanz)
Kräuter 17, 19, 60, 61
Kreuzzüge 7, 22, 24, 28, 44, 45, 56
Kriege 6, 7, 22, 28, 60
Küche 18–19, 20, 39

L, M

Landwirtschaft 7, 8, 10, 12
Laute 26, 44, 56, 57
Lehen 8
Lehnsgüter 10, 12, 14–15
Lehnsleute 8, 24
Lehrlinge 51
Leibeigene 10
Leonardo da Vinci 63
Ludwig IX., König von Frankreich 26
Luther, Martin 62
Magna Charta 25
Maifeiern 54
Märkte 54, 55
Masken 58, 59
Maßwerk 33, 52, 53
Medici, Lorenzo de' 62
Medizin 38, 44, 45, 60–61
Meister 51
Messe 30, 38
Kaiser 6
Messen s. Jahrmärkte
Michelangelo 7, 62
Minnesänger 26
Mitra 9, 31
Mittsommernacht 54, 62
Möbel 11, 16–17, 20–21
Mohammed, Prophet des Islam 44
Mönche 6, 22, 25, 38–41, 56
Moslems 7, 28, 44, 45, 63
Musik und Musikanten 54, 56–57
Musikinstrumente 10, 26, 42, 56–57, 58
Mysterienspiele 58, 59

N, O, P

Nacaire 56
Nahrung 18–21, 54
Narren 54, 58
Nonnen 22, 38
Normannen 7
Novize/Novizin 36, 38
organistrum s. Drehleier
osmanische Türken 63
Ostern 54, 58
Otto I. (der Große), Kaiser 6
Päpste 6, 7, 28, 31, 62
Parlament 6, 24
Pest 7, 10, 60, 61
Pilger 6, 14, 32, 42–43, 54
Pisan, Christine de 23
Priester 9, 13, 30, 56, 58, 60
Protestanten 62
Psalter (Gebetbuch) 40
Psalter (Musikinstrument) 57

R, S

Reformation 7, 62
Regel des hl. Benedikt 36, 37
Reliquiare 42, 43
Reliquien 42, 43, 54
Renaissance 6, 7, 62–63
Richard I., König von England 7
Richard II., König von England 10, 26
Ritter 6, 8–10, 14, 24–29, 42, 63
Romanik 32
Rüstungen 7, 22, 24, 25, 28, 29, 63
Sachsen 6
Saladin, Sultan 45
Sänger 20
Schalmei 56, 58
Schauspiel 58–59
Schauspieler 54, 58
Scheune 13
Schilde 24, 27, 29, 48
Schildpfennig 8
Schreiber 40, 41, 47
Schuhe 11, 15, 23, 28, 37, 51, 55
Schulze 15
Schuster 49, 55
Schwarzer Tod s. Pest
Seelenamt 30
Seuchen 7, 60, 61
Siegel 22, 25, 46
Soldaten 9, 14, 28–29
Spanien 22, 44, 56
Spätmittelalter 6–7
Spinnen 23
Städte 6, 7, 46, 48–49, 53
Steinmetzen 32, 52–53
Steuern 8–10, 26, 48
symphonia s. Drehleier

T, U, V

Tafel 20–21, 41
Tamburin 56, 57, 61
Tjoste 26
Totentanz 61
Trippen 11, 23, 55
Trommeln 56, 57
Trompete 56
Troubadoure 26, 56
Turnier 27
Tyler, Wat 10
Umzüge 58–59
Universitäten 6, 7, 40
Unterhaltung 20, 26, 54, 56, 58
Vasallen 8, 24
Verbrechen und Bestrafung 9, 24–26

W, Z

Waffen 25, 28, 29, 63
Wallfahrten 42–43
Wappen 31, 50–51
Weihnachten 14, 54, 58
Weihrauch 30
Wein 20, 30, 46, 54
Werkstatt 49
Whittington, Dick 48
Wikinger 6
Wilhelm der Eroberer 7, 8
Zehnt 9, 30
Zisterzienser 36–38
Zünfte 48, 50–52, 58
Zunfthäuser 50, 51

Bildnachweis

o = oben, u = unten, m = Mitte, l = links, r = rechts

AKG, London: 6ur, 38um, 61ur, 62ul;/ Photo: Erich Lessing/San Apollinare in Classe, Ravenna: 61m, /Photo: Erich Lessing/Galleria dell' Accademia, Florenz: 7rm;/Pfarrkirche Cappenberg: 7ul;/Stadtbücherei Nürnberg 19ol; /Bürgerbibliothek Bern: 21ol;/ Bibliothèque de Ste Geneviève: 31ol;/ Bibliothèque Nationale, Paris: 48or, 56or, 61om, 63or; Ancient Art & Architecture Collection: 25ul, 32or; Musée des Arts Décoratifs, Paris/Photo: Sully-Jaulmes: 14m; Ashmolean Museum, Oxford: 7m, 45ul; Keith Barley: 35ol; Bridgeman Art Library, London:/Bibliothèque de la Sorbonne, Paris: 6ul;/Trinity College, Dublin: 6or;/British Library, London: 7om, 9ur, 10or, 10ul, 12ur, 14ml, 15ul, 20or, 22ml, 23ml, 24ur, 30ol, 31or, 36u & m, 42ur, 43ml, 45ml, 50ur, 51ml, 54ur, 58m, 60ur, Einbandvorderseite lm & ol, Einbandrückseite lom, ul, u, om, rum;/mit bes. Gen. der Stadt Bayeux: 7ol;/Victoria & Albert Museum, London: 8or;/Musée Condé, Chantilly;/Giraudon: 12or, 17or, 30um, 60ul; Biblioteca Apostolica Vaticana, Vatikan: 15ol;/Fitzwilliam Museum, University of Cambridge: 15ml, 27ul, Einbandrückseite om;/Bibliothèque Nationale, Paris: 22or, 27ol, 28or, 44or, 45on, 54m, Einbandrückseite or;/Kunsthistorisches Museum, Wien: 24um;/Department of the Environment, London: 25ol; Westminster Abbey, London: 26or;/Pfarrkirche Haut-Savoie, Frankreich: 31ur;/ Galleria degli Uffizi, Florenz: 35ur;/ Oberkirche San Francesco in Assisi: 37ol; Seminario Patriarcale, Venedig: 47ul;/Staatsarchiv Hamburg: 47om;/ British Museum: 48ul;/Bibliothèque Royale de Belgique, Brüssel: 48m;/ City of Bristol Museum & Art Gallery: 62ol;/Bibliothèque de l'Institut de France, Paris/Giraudon: 63ol; British Library, London: 53or, 54mr, 54ol, 56m, 62m, Einbandvorderseite um; British Museum, London: 27r, 40ul, 45or, Einbandrückseite lm; Jean-Loup Charmet, Paris: 41ol, 42or; Musée de Cluny, Paris: 62um; Dänisches Nationalmuseum, Kopenhagen: 6m; E. T. Archive, London: 24om, 29om, 34ol;/Victoria & Albert Museum, London: 11ur, 11mr, 16ol;/British Library, London: 14or;/Biblioteca Marciana: 22ul;/Bibliothèque Nationale, Paris: 28ml;/Biblioteca Estense, Modena: 38m;/Collegio del Cambio, Perugia: 46ml;/Biblioteca Augustea, Perugia: 53or;/Mary Evans Picture Library, London: 24or; Werner Forman Archive, London;/Metropolitan Museum of Art, New York: 45ur; Photographie Giraudon/Bibliothèque Nationale, Paris: 8ol; Sonia Halliday & Laura Lushington Photographs/Victoria & Albert Museum, London: 12m; Sonia Halliday Photographs: 35m, 58or; Robert Harding Picture Library: 7ur, 26ur, 33ol, 40ur, 51ol, 56ul; Michael Holford: 14ul; Museum of London: 52um; Puffin Books: Churches & Cathedrals von Helen Leacroft, 1957. Nachdruck mit frdl. Gen. von Penguin Books Ltd.: 33or, 33mr; Scala, Florenz:/Archivio di Stato, Siena: 8lm;/Museo dell'Opera del Duomo, Orvieto: 50ol, 50ul, 51ur, 51or; Sir John Soane's Museum, London: 33ur; Trinity College Library, Cambridge: 39or; Wallace Collection: 25or, 49ol; Woodmansterne: 61ul; Zefa Pictures: 48ur.